Libros sobre el Mensaje de 1888

CRISTO Y SU JUSTICIA

Ellet J. Waggoner

ISBN: 978-1-0879-5116-4

Imprint: LS Company

Copyright© 2021

Contenido:

Introducción 5

¿Cómo consideraremos a Cristo? 7

¿Es Cristo Dios? 8

Cristo como Creador 11

¿Es Cristo un ser creado? 13

Dios manifestado en Carne 16

Importantes lecciones Prácticas 20

Cristo, el Legislador 24

La Justicia de Dios 28

El Señor, nuestra Justicia 34

Aceptos en el Amado 41

La Victoria de la Fe 46

Esclavos y Libres 50

Ilustraciones prácticas de liberación de la Esclavitud 52

Capítulo 1

Introducción

En el primer versículo del tercer capítulo de Hebreos leemos una exhortación que comprende todo mandato dado al cristiano. Es ésta: "Por lo tanto, hermanos santos, participantes del llamado celestial, considerad al Apóstol y Sumo Sacerdote de la fe que profesamos, a Jesús." Hacer esto tal como indica la Biblia, considerar a Cristo continua e inteligentemente tal como Él es, lo transformará a uno en un Cristiano perfecto, puesto que "contemplando somos transformados".

Los ministros del Evangelio tienen una autorización inspirada para mantener el tema –Cristo– continuamente ante las personas, y dirigir su atención solamente a Él. Pablo dijo a los Corintios: "Me propuse no saber nada entre vosotros, sino a Jesucristo, y a éste crucificado" (1 Cor. 2:2), y no hay razón para suponer que esta predicación a los corintios fuese en algún respecto diferente de su predicación a otros. En efecto, afirma que cuando Dios reveló a su Hijo en él, fue para que lo predicara entre los gentiles (Gál. 1:15 y 16); y su gozo consistió en que se le confiriese la gracia de "anunciar entre los gentiles la insondable riqueza de Cristo" (Efe. 3:8).

Pero el hecho de que los apóstoles hicieran de Cristo el centro de toda su predicación no es nuestra única razón para magnificarlo. Su Nombre es el único nombre bajo el cielo, dado a los hombres, en que podamos ser salvos (Hech. 4:12). Cristo mismo declaró que ningún hombre puede venir al Padre sino por Él (Juan 14:6). Dijo a Nicodemo: "Como Moisés levantó la serpiente en el desierto, así es necesario que el Hijo del Hombre sea levantado, para que todo el que crea en Él, tenga vida eterna" (Juan 3:14 y 15). Este "levantar" a Jesús, si bien hace referencia primariamente a su crucifixión, abarca más que el mero hecho histórico; significa que Cristo debe ser "levantado" por todos los que crean en Él como el Redentor crucificado, cuya gracia y gloria son capaces de suplir toda necesidad humana. Significa que debe ser "levantado" en toda su inmensa hermosura y poder como "Dios con nosotros," para que su atractivo divino pueda entonces llevarnos a Él (ver Juan 12:32).

La exhortación a considerar a Jesús, y también la razón para ello, se nos dan en Hebreos 12:1-3: "Por tanto, nosotros también, teniendo en derredor nuestro tan grande nube de testigos, dejemos todo lo que estorba, y el pecado que tan fácilmente nos enreda, y corramos con perseverancia la carrera que nos es propuesta, fijos los ojos en Jesús, autor y consumador de la fe, quien en vista del gozo que le esperaba, sufrió la cruz, menospreció la vergüenza, y se sentó a la diestra del trono de Dios. Considerad, pues a aquel que sufrió tal hostilidad de los pecadores contra sí mismo, para que no os fatiguéis en vuestro ánimo hasta desmayar". Es sólo contemplando a Jesús constantemente y en oración, tal cual está revelado en la Biblia, como no nos fatigaremos de hacer el bien, y no desmayaremos en el camino.

Debiéramos considerar a Jesús, porque en Él "están escondidos todos los tesoros de la sabiduría y del conocimiento" (Col. 2:3). A quien le falte sabiduría, se le invita a pedirla de Dios, quien la da a todos los hombres generosamente y sin escatimar, y la promesa es que se le dará; pero sólo en Cristo es posible obtener la deseada sabiduría. La sabiduría que no procede de Cristo y que por consecuencia no lleva a Él, no es más que necedad; porque Dios, como la Fuente de todas las cosas, es el Autor de la sabiduría; la ignorancia sobre Dios es la peor clase de necedad (ver Rom. 1:21 y 22); y todos los tesoros de la sabiduría y el conocimiento están escondidos en Cristo; así que, quien tiene solamente la sabiduría de este mundo, en realidad no sabe nada. Y puesto que todo el poder en el cielo y en la tierra es dado a Cristo, el apóstol Pablo declara de Cristo que es "el poder de Dios, y la sabiduría de Dios" (1 Cor. 1:24).

Hay un texto, sin embargo, que resume brevemente todo lo que Cristo es para el hombre, y provee la razón más abarcante para considerarlo. Es este: "De él viene que vosotros estéis en Cristo Jesús, quien nos fue hecho por Dios sabiduría, justificación, santificación y redención" (1 Cor. 1:30). Nosotros somos ignorantes, malos y estamos perdidos; Cristo es para nosotros sabiduría, justificación y redención. ¡Qué cambio! De la ignorancia y el pecado a la justificación y la redención. La aspiración o necesidad más elevada del hombre no pueden abarcar más de lo que Cristo –y sólo Cristo- es para nosotros. Esta es una razón suficiente por la que los ojos de todos debieran estar fijos en Él.

Capítulo 2

¿Cómo consideraremos a Cristo?

¿Cómo debiéramos considerar a Cristo? Tal y como Él se reveló a sí mismo al mundo; de acuerdo al testimonio que Él dio concerniente a sí mismo. En ese maravilloso discurso registrado en el quinto capítulo de Juan, Jesús dijo: "Porque como el Padre resucita a los muertos, y les da vida; así también el Hijo da vida a los que quiere. Además, el Padre a nadie juzga, sino que confió todo el juicio al Hijo; para que todos honren al Hijo como honran al Padre. El que no honra al Hijo, no honra al Padre que lo envió" (versículos 21-23).

A Cristo se le encomienda la más alta prerrogativa, la de juzgar. Ha de recibir el mismo honor que se le debe a Dios, y por la razón de que es Dios. El discípulo amado da este testimonio: "En el principio ya existía el Verbo, y el Verbo estaba con Dios, y el Verbo era Dios" (Juan 1:1). El versículo 14 aclara que el Verbo divino no es otro que Jesucristo: "Y el Verbo se hizo carne y habitó entre nosotros lleno de gracia y de verdad; y vimos su gloria, gloria como del unigénito del Padre".

El Verbo existía "en el principio". La mente del hombre no puede abarcar las edades que están comprendidas en ese expresión. No le es dado al ser humano el saber cuándo o cómo llegó a ser el Hijo "unigénito"; pero sabemos que era el Verbo divino, no únicamente antes de que viniera a este mundo a morir, sino incluso antes de que el mundo fuera creado. Momentos antes de su crucifixión, oró: "Ahora Padre, glorifícame a tu lado con la gloria que tuve junto a ti antes que el mundo fuera creado". (Juan 17:5). Y más de setecientos años antes de su primer advenimiento, su venida fue predicha por la palabra inspirada: "Pero tú Belén Efrata, pequeña entre los millares de Judá, de ti saldrá el que será Señor en Israel. Sus orígenes son desde el principio, desde los días de la eternidad" (Miqueas 5:2). Sabemos que Cristo "de Dios ha salido, y ha venido" (Juan 8:42), pero fue tan atrás en las edades de la eternidad como para estar más allá del alcance de la mente del hombre.

Capítulo 3

¿Es Cristo Dios?

A Cristo se le llama Dios en muchos lugares de la Biblia. Declara el Salmista: "El Dios de dioses, el Eterno Jehová, habla, y convoca la tierra desde el nacimiento del sol hasta donde se pone. Desde Sión, dechado de hermosura, resplandece Dios. Vendrá nuestro Dios, y no callará. Fuego consumirá delante de él, y una poderosa tempestad lo rodeará. Convocará a los altos cielos, y la tierra, para juzgar a su pueblo. Juntadme a mis fieles, los que hicieron conmigo pacto con sacrificio. Y los cielos anunciarán su justicia, porque Dios mismo es el juez" (Sal. 50:1-6).

Se puede constatar que este pasaje hace referencia a Cristo: (1) por el hecho ya considerado de que todo el juicio se le encomendó al Hijo; y (2) por el hecho de que es en la segunda venida de Cristo cuando manda a sus ángeles para que recojan a sus escogidos de los cuatro vientos (Mat. 24:31). "Vendrá nuestro Dios y no callará". No lo hará. Al contrario: cuando el Señor mismo descienda del cielo, será "con aclamación, con voz de arcángel, y con trompeta de Dios" (1 Tes. 4:16). Esta aclamación será la voz del Hijo de Dios, que será oída por todos aquellos que están en el sepulcro, haciéndoles salir de él (Juan 5:28 y 29). Juntamente con los justos vivos, serán llevados a encontrar al Señor en el aire para estar siempre con él; y eso constituirá "nuestra reunión con él" (2 Tes. 2:1). Comparar con Sal. 50:5; Mat. 24:31 y 1 Tes. 4:16.

"Fuego consumirá delante de él, y una poderosa tempestad lo rodeará;" porque cuando el Señor Jesús se manifieste desde el cielo con sus ángeles poderosos, lo hará "en llama de fuego, para dar la retribución a los que no conocieron a Dios, ni obedecen al evangelio de nuestro Señor Jesucristo" (2 Tes. 1:8). Por eso sabemos que el Salmo 50:1-6 es una descripción vívida de la segunda venida de Cristo para la salvación de su pueblo. Cuando él venga, será como "Dios poderoso". Comparar con Habacuc 3.

Uno de los títulos legítimos de Cristo es "Dios poderoso". Mucho antes del primer advenimiento de Cristo, el profeta Isaías habló estas palabras para confortar a Israel: "Porque un Niño nos es nacido, Hijo nos es dado, y el gobierno estará sobre su hombro. Será llamado Maravilloso, Consejero, Dios Poderoso, Padre Eterno, Príncipe de Paz" (Isa. 9:6).

Estas no son simplemente palabras de Isaías, sino del Espíritu de Dios. Dios, en alusión directa al Hijo, lo llama por el mismo título. En el Salmo 45:6 leemos estas palabras: "Tu trono, oh Dios, es eterno y para siempre. Cetro de justicia es el cetro de tu reino." El lector casual pudiera tomar esto como la simple alabanza del Salmista; pero en el Nuevo Testamento encontramos que es mucho más que eso. Vemos que es Dios el Padre quien habla, y que se está refiriendo al Hijo. Y lo llama Dios (Heb. 1:1-8).

Ese nombre no le fue dado a Cristo como consecuencia de algún gran logro, sino que es suyo por derecho de herencia. Hablando del poder y la grandeza de Cristo, el escritor de Hebreos dice que es hecho tanto mejor que los ángeles, porque "el Nombre que heredó es más sublime que el de ellos" (Heb. 1:4). Un hijo toma legítimamente el nombre del padre; y Cristo, como "el unigénito Hijo de Dios", tiene legítimamente el mismo nombre. Un hijo también es en mayor o menor grado una reproducción del padre; hasta cierto punto tiene los rasgos y características personales de su padre; no perfectamente, porque no hay reproducción perfecta entre los humanos. Pero no hay imperfección en Dios, ni en ninguna de sus obras; de forma que Cristo es la "imagen expresa" de la persona del Padre (Heb. 1:3). Como Hijo del Dios que tiene existencia propia, tiene por naturaleza todos los atributos de la Deidad.

Es cierto que hay muchos hijos de Dios, pero Cristo es el "Unigénito Hijo de Dios" y por lo tanto, es el Hijo de Dios en un sentido en el que ningún otro lo ha sido, ni lo pudiera ser nunca. Los ángeles son hijos de Dios, como lo fue Adán por creación (Job 38:7; Lucas 3:38); los cristianos son hijos de Dios por adopción (Rom. 8:14 y 15); pero Cristo es el Hijo de Dios por nacimiento. El escritor de la epístola a los Hebreos muestra además que la posición del Hijo de Dios no es una a la que Cristo ha sido elevado, sino que la posee por derecho. Dice que Moisés fue fiel en toda la casa de Dios, como un siervo, "y Cristo, como hijo, es fiel sobre la casa de Dios" (Heb. 3:6). Y también afirma que Cristo es el Constructor de la casa (vers. 3). Es él quien construye el templo del Señor, y lleva la gloria (Zac. 6:12 y 13).

El propio Cristo enseñó de la forma más enfática que él es Dios. Cuando el joven rico le preguntó: "Maestro Bueno, ¿qué debo hacer para heredar la vida eterna?" Jesús, antes de contestar a la pregunta, le dijo: "¿Por qué me llamas bueno? No hay sino Uno solo bueno, esto es, Dios" (Mar. 10:17 y 18). ¿Qué quiso decir Jesús con estas palabras? ¿Quiso desmentir el epíteto que el joven rico le dedicó? ¿Pretendió insinuar que él no era realmente bueno? ¿Fue un mero despliegue de modestia? De ninguna manera, porque Cristo era absolutamente bueno. A los Judíos, quienes constantemente lo observaban para descubrir algún punto en donde poder acusarlo, les dijo audazmente: "¿Quién de vosotros me halla culpable de pecado?" (Juan 8:46). En toda la nación Judía no se encontraba un solo hombre que lo hubiera visto hacer algo o pronunciar una palabra que tuviera siquiera la apariencia de maldad; y aquellos que estaban determinados a condenarlo, solo pudieron hacerlo empleando testigos falsos contra él. Pedro afirma que "no cometió pecado, ni fue hallado engaño en su boca" (1 Ped. 2:22). Pablo declara que "no conoció pecado" (2 Cor. 5:21). El Salmista dice: "Él es mi roca, y en él no hay injusticia" (Sal. 92:15). Y Juan dice: "Vosotros sabéis que Cristo apareció para quitar nuestros pecados. Y en él no hay pecado" (1 Juan 3:5).

Cristo no puede negarse a sí mismo, por lo tanto, no pudo decir que no era bueno. Es y era absolutamente bueno: la perfección de la bondad. Y siendo que no hay ninguno bueno sino Dios, dado que Cristo es bueno, se deduce que Cristo es Dios, y eso es precisamente lo que se propuso mostrar al joven rico.

Eso fue también lo que enseñó a sus discípulos. Cuando Felipe le dijo a Jesús, "Muéstranos el Padre y nos basta", Jesús le dijo: "¿Tanto tiempo hace que estoy con vosotros, y no me has conocido, Felipe? El que me ha visto a mí, ha visto al Padre. ¿Cómo dices muéstranos al Padre?" (Juan 14:8 y 9). Esto tiene la misma contundencia que la declaración: "Yo y el Padre somos uno" (Juan 10:30). Tan completamente era Cristo Dios, incluso estando todavía aquí entre los hombres, que cuando le pidieron que mostrara al Padre, le bastó con decir, 'miradme a mí'. Y eso trae a la mente aquella frase con la que el Padre introduce al Unigénito: "Adórenle todos los ángeles de Dios" (Heb. 1:6). Cristo era digno de homenaje, no sólo cuando estaba compartiendo la gloria con el Padre antes que el mundo fuera; cuando se hizo un bebé en Belén, también entonces se ordenó a todos los ángeles de Dios que lo adoraran.

Los Judíos no malinterpretaron la enseñanza de Cristo acerca de sí mismo. Cuando afirmó que era uno con el Padre, los Judíos tomaron piedras par apedrearlo; y cuando les preguntó por cuál de sus buenas obras lo querían apedrear, contestaron: "No queremos apedrearte por buena obra, sino por la blasfemia; porque tú siendo hombre, te haces Dios" (Juan 10:33). Si él hubiera sido lo que ellos consideraban -un simple hombre-, sus palabras hubieran sido en verdad blasfemia. Pero era Dios.

El objetivo de Cristo al venir a la tierra fue el de revelar a Dios a los hombres para que pudiesen venir a él. Por eso dice el apóstol Pablo que "Dios estaba en Cristo reconciliando consigo al mundo" (2 Cor. 5:19); y en Juan leemos que el Verbo, que era Dios, se "hizo carne" (Juan 1:1 y 14). En el mismo contexto, se especifica: "A Dios nadie lo vio jamás. El Hijo único, que es Dios, que está en el seno del Padre, él lo dio a conocer" (Juan 1:18).

Observemos la expresión: "El Hijo único, que está en el seno del Padre". Tiene allí su morada, y está allí como parte de la Divinidad, tan ciertamente cuando estaba en la tierra como estando en el cielo. El uso del tiempo presente implica existencia continua. Presenta la misma idea que encierra la declaración de Jesús a los Judíos (Juan 8:58): "Antes que Abraham existiera, yo soy". Y eso demuestra una vez más su identidad con Aquel que se le apareció a Moisés en la zarza ardiendo, quien declaró su nombre en los términos: "YO SOY EL QUE SOY".

Finalmente, tenemos las palabras inspiradas del apóstol Pablo concernientes a Jesucristo: "Por cuanto agradó al Padre que en él habitase toda plenitud" (Col. 1:19). En el siguiente capítulo se nos dice en qué consiste esa plenitud que habita en él: "En Cristo habita corporalmente toda la plenitud de la Deidad" (Col. 2:9). Ese es el testimonio más absoluto e inequívoco del hecho de que Cristo posee por naturaleza todos los atributos de la Divinidad. La divinidad de Cristo vendrá a ser un hecho prominente a medida que procedamos a considerar a.

Capítulo 4

Cristo como Creador

Inmediatamente a continuación del tan conocido versículo que dice que Cristo, el Verbo, es Dios, leemos que "Todas las cosas fueron hechas por él. Y nada de cuanto existe fue hecho sin él" (Juan 1:3). Ningún comentario puede hacer esta declaración más clara de lo que ya es, por lo tanto pasamos a las palabras de Heb. 1:1-4: "Dios ... en estos últimos días nos habló por el Hijo, a quien constituyó heredero de todo, por quien hizo todos los mundos. El Hijo es el resplandor de su gloria, la misma imagen de su ser real, el que sostiene todas las cosas con su poderosa Palabra. Después de efectuar la purificación de nuestros pecados, se sentó a la diestra de la Majestad en las alturas. El Hijo llegó a ser tanto más excelente que los ángeles, así como el Nombre que heredó es más sublime que el de ellos".

Aun más enfáticas si cabe, son las palabras del apóstol Pablo a los Colosenses. Hablando de Cristo como el único por quien tenemos redención, lo describe como el que "es la imagen del Dios invisible, el primogénito de toda la creación. Por él fueron creadas todas las cosas, las que están en los cielos y las que están en la tierra, visibles e invisibles; sean tronos, sean dominios, sean principados o autoridades. Todo fue creado por medio de él y para él. Porque Cristo existía antes de todas las cosas, y todas las cosas subsisten en él" (Col. 1:15-17).

Este maravilloso texto debiera ser objeto de cuidadoso estudio y constante contemplación. No deja ni una sola cosa en el universo que Cristo no haya creado. Él lo hizo todo en el cielo y en la tierra; Hizo todo lo que puede ser visto, y todo lo que no puede verse; los tronos y los dominios, los principados y los poderes en el cielo, todos dependen de él para la existencia. Y siendo que él es antes de todas las cosas, y que es Creador de las mismas, por él subsisten -se sostienen- todas las cosas. Eso es equivalente a lo escrito en Hebreos 1:3, de que él sostiene todas las cosas por su poderosa palabra. Fue por la palabra como fueron hechos los cielos; y esa misma palabra los sostiene en su lugar y los guarda de la destrucción.

De ninguna manera podemos omitir en este contexto Isaías 40:25 y 26: "¿A qué, pues, me asemejaréis o me compararéis? pregunta el Santo. Levantad en alto vuestros ojos, y mirad. ¿Quién creó estas cosas? Aquel que saca su ejército de estrellas, llama a cada una por su nombre. Tan grande es su poder y su fuerza, que ninguna faltará". O, como lo presenta más enfáticamente la traducción Judía: "de Aquel que es grande en fuerza y fuerte en poder, nadie escapa". Que Cristo es el Santo que llama al ejército de los cielos por nombre y lo mantiene en su lugar, es evidente por otras porciones del mismo capítulo. Él es de quien fue dicho con anterioridad, "Preparad en el desierto el camino al Eterno, enderezad calzada en la soledad a nuestro Dios". Él es el que viene con brazo poderoso, trayendo consigo su recompensa; el que, como un pastor, alimenta su rebaño, llevando a las ovejas en su seno.

Baste una declaración más a propósito de Cristo como Creador. Se trata del testimonio del propio Padre. En el primer capítulo de Hebreos leemos que Dios nos habló por su Hijo; dice de él: "Adórenlo todos los ángeles de Dios". De los ángeles dice: "hace a sus ángeles espíritus, y a sus ministros llamas de fuego", pero al Hijo le dice: "Tu trono, oh Dios, es eterno y para siempre; cetro de equidad el cetro de tu reino"; y Dios [Padre] dice más: "Tú, oh Señor, en el principio pusiste los cimientos de la tierra, y los cielos son obras de tus manos" (Heb. 1:8-10). Aquí encontramos al Padre refiriéndose al Hijo como Dios, y diciéndole: 'tú pusiste los cimientos de la tierra; y los cielos son la obra de tus manos'. Cuando el Padre mismo le reconoce ese honor al Hijo, ¿quién es el hombre para negárselo? Con lo anterior podemos concluir el testimonio concerniente a la divinidad de Cristo, y al hecho de que él es el Creador de todas las cosas.

Una palabra de precaución es aquí oportuna. No imagine nadie que podemos exaltar a Cristo en detrimento del Padre, o que podemos con ello menospreciar al Padre. Eso es imposible, puesto que uno sólo es el interés de ambos. Honramos al Padre al honrar al Hijo. Tenemos presentes las palabras de Pablo: "para nosotros hay un solo Dios, el Padre, de quien proceden todas las cosas, y para quien nosotros vivimos; y un Señor Jesucristo, por medio de quien son todas las cosas, y por medio de quien vivimos" (1 Cor. 8:6); tal como ya hemos dicho, fue por él como Dios hizo los mundos. Todas las cosas proceden finalmente de Dios Padre; aun Jesucristo mismo procedió y salió del Padre; pero agradó al Padre que en él habitase toda la plenitud, y que él fuera el Agente directo e inmediato en todo acto de la creación. Nuestro objetivo en este estudio es mostrar la posición precisa de igualdad con el Padre, para que su poder para redimir sea mejor apreciado.

Capítulo 5

¿Es Cristo un ser creado?

Antes de pasar a algunas de las lecciones prácticas que encierran estas verdades, debemos detenernos por unos momentos en una opinión que es sostenida sinceramente por muchos que jamás querrían deshonrar a Cristo voluntariamente, pero que, mediante dicha concepción niegan de hecho su divinidad. Es la idea de que Cristo es un ser creado, quien, mediante una especial bendición de Dios, fue elevado a su exaltada posición actual. Nadie que comparta esa opinión puede tener una idea justa de la exaltada posición que Cristo ocupa realmente.

La opinión en cuestión está basada en una comprensión errónea de un texto, el de Apocalipsis 3:14: "Escribe al ángel de la iglesia de Laodicea: Así dice el Amén, el Testigo Fiel y Verdadero, el origen de la creación de Dios". El pasaje se interpreta equivocadamente pretendiendo que Cristo es el primer ser que Dios creó; que la obra de la creación de Dios empezó con él. Pero esa opinión se opone a la Escritura que declara que Cristo mismo creó todas las cosas. Decir que Dios empezó su obra de creación creando a Cristo, es dejar a Cristo completamente fuera de la obra de la creación.

La palabra traducida "origen" es argo, significando "cabeza" o "jefe." Forma parte del nombre del gobernante griego Arson, de la palabra Arzobispo y de la palabra arcángel. Veamos esta última palabra: Cristo es el Arcángel, según Judas 9; 1 Tes. 4:16; Juan 5:28 y 29; y Dan. 10:21. Eso no quiere decir que él es el primero de los ángeles, puesto que no es un ángel, sino que está sobre todos ellos (Heb. 1:4). Significa que es el jefe o príncipe de los ángeles, tal como un arzobispo es la cabeza de los obispos. Cristo es el comandante de los ángeles (Apoc. 19:11-14). Él creó a los ángeles (Col. 1:16). Así que la declaración de que él es el comienzo o cabeza de la creación de Dios, significa que en él tuvo sus comienzos la creación; que, como él mismo afirma, es el Alfa y la Omega, el Principio y el Fin, el Primero y el Último (Apoc. 21:6; 22:13). Es la fuente en donde todas las cosas tienen su origen.

Jamás debiéramos suponer que Cristo es una criatura, debido a que Pablo lo llama (Col. 1:15) "el Primogénito de toda la creación"; porque los mismos versículos siguientes lo muestran como al Creador, y no la criatura. "Por él fueron creadas todas las cosas, las que están en los cielos y las que están en la tierra, visibles e invisibles; sean tronos, sean dominios, sean principados o autoridades. Todo fue creado por medio de él y para él. Porque Cristo existía antes de todas las cosas, y todas las cosas subsisten en él". Ahora, si él creó todo lo que fue creado, y existió antes de todas las cosas creadas, es evidente que él mismo no forma parte de las cosas creadas. Está por encima de toda la creación y no es una parte de ella.

Las Escrituras declaran que Cristo es "el unigénito Hijo de Dios". Es "unigénito" -o engendrado-; no creado. En referencia a cuándo, no nos corresponde a nosotros el inquirir, ni podrían nuestras mentes comprenderlo aun si se nos explicara. El profeta Miqueas nos dice todo cuanto podemos saber acerca de ello en estas palabras: "Pero tú Belén Efrata, pequeña entre los millares de Judá, de ti saldrá el que será Señor en Israel. Sus orígenes son desde el principio, desde los días de la eternidad" (Miqueas 5:2). Hubo un tiempo cuando Cristo procedió y vino de Dios, del seno del Padre (Juan 8:42; 1:18), pero fue tan atrás en los días de la eternidad que para el entendimiento finito significa sin comienzo.

El hecho es que Cristo es el único Hijo de Dios, y no un ser creado. Posee por herencia un nombre más sublime que el de los ángeles; "Cristo, como hijo, es fiel sobre la casa de Dios" (Heb. 1:4; 3:6). Y puesto que es el único Hijo de Dios, es la misma sustancia y naturaleza de Dios y posee de forma innata todos los atributos de Dios; porque al Padre agradó que su Hijo fuese la imagen expresa de su Persona, el resplandor de su gloria, y lleno con la plenitud de la divinidad. Por consiguiente, tiene "vida en sí mismo"; posee la inmortalidad por derecho propio, y puede conferirla a otros. La vida es en él inherente, así que no puede serle arrebatada; ahora bien, habiéndola entregado voluntariamente, la puede volver a tomar. Estas son sus palabras: "Por eso me ama el Padre, porque yo doy mi vida, para volverla a tomar. Nadie me la quita, sino que yo la doy de mí mismo. Tengo poder para darla, y tengo poder para volverla a tomar. Este mandato recibí de mi Padre" (Juan 10:17 y 18).

Si alguien vuelve a entregarse a la antigua cavilación de cómo es posible que Cristo sea inmortal y sin embargo muriese, solo tenemos que decirle que no sabemos. No pretendemos comprenderlo todo sobre lo infinito. No podemos entender cómo Cristo pudo ser Dios en el principio, compartiendo la misma gloria con el Padre, antes de que el mundo fuera, y sin embargo nacer como un bebé en Belén. El misterio de la crucifixión y la resurrección no es sino el misterio de la encarnación. No podemos entender cómo Cristo puede ser Dios, y sin embargo hacerse hombre por nuestro bien. No podemos entender cómo pudo crear el mundo de la nada, ni cómo puede resucitar a los muertos, ni siquiera la manera en la que obra por su Espíritu en nuestros corazones; sin embargo creemos y reconocemos esas cosas. Debiera ser suficiente para nosotros aceptar como verdad aquello que Dios ha revelado, sin tropezar sobre cosas que ni siquiera la mente de un ángel puede comprender. Por lo tanto, nos deleitamos en el poder infinito y la gloria que las Escrituras declaran que Cristo posee, sin inquietar nuestra mente finita en vanos intentos por explicar lo infinito.

Finalmente, sabemos de la unidad Divina entre el Padre y el Hijo por el hecho de que los dos tienen el mismo Espíritu. Pablo, después de decir que aquellos que están en la carne no pueden agradar a Dios, continúa así: "Pero vosotros no vivís según la carne, sino según el Espíritu, si es que el Espíritu de Dios habita en vosotros. El que no tiene el Espíritu de Cristo, no es de él" (Rom. 8:9). Aquí vemos que el Espíritu Santo es tanto el Espíritu de Dios como el Espíritu de Cristo. Cristo "está en el seno del Padre". Siendo por naturaleza de la misma sustancia de Dios y teniendo vida en sí mismo, es llamado con toda propiedad Jehová, Aquel que existe por sí mismo, y así se lo describe en Jeremías 23:5 y 6, donde leemos que el Renuevo justo ejecutará juicio y justicia en la tierra, y lo llamarán por el nombre de Jehová -tsidekenu –JEHOVÁ, JUSTICIA NUESTRA.

Por lo tanto, que nadie que pretenda honrar a Cristo le dé menos honor del que da al Padre, pues esto sería deshonrar al Padre en la precisa medida de esa deficiencia. Que todos, junto a los ángeles del cielo, adoren al Hijo, sin miedo de estar adorando y sirviendo a la criatura en lugar de al Creador.

Y ahora, mientras la verdad de la divinidad de Cristo permanece fresca en nuestras mentes, detengámonos a considerar la maravillosa historia de su humillación.

Capítulo 6

Dios manifestado en Carne

"Y el Verbo se hizo carne, y habitó entre nosotros"

(Juan 1:14).

No existen palabras que puedan mostrar más claramente que Cristo es tanto Dios como hombre. Originalmente sólo divino; tomó sobre sí la naturaleza humana, y pasó por entre los hombres como un mortal común, excepto en esos momentos en los que su divinidad fulguró, como en ocasión de la purificación del templo, o cuando sus penetrantes palabras de verdad irrebatible forzaban aun a sus enemigos a confesar que "nunca hombre habló como este hombre".

En su epístola a los Filipenses Pablo expresó así la humillación a la que Cristo se sometió voluntariamente: "Haya en vosotros el mismo sentir que hubo en Cristo Jesús. Quien aunque era de condición divina, no quiso aferrarse a su igualdad con Dios, sino que se despojó de sí mismo, tomó la condición de siervo, y se hizo semejante a los hombres. Y al tomar la condición de hombre, se humilló a sí mismo, y se hizo obediente hasta la muerte, y muerte de cruz" (Fil. 2:5-8).

La idea es que, aunque Cristo era en la forma de Dios, siendo "el resplandor de su gloria, la misma imagen de su ser real" (Heb. 1:3), teniendo todos los atributos de Dios, siendo el Rey del universo, y Aquel a quien todo el cielo se deleitaba en honrar, él no pensó que ninguna de estas cosas fuesen deseables mientras los hombres estaban perdidos y sin fuerza. Él no podía gozar de su gloria mientras el hombre estuviese condenado y sin esperanza. Así que se despojó de sí mismo, se despojó de todas sus riquezas y gloria, y tomó sobre sí la naturaleza del hombre, a fin de poder redimirlo. Y así podemos armonizar la unidad de Cristo con el Padre, con la declaración, "Mi Padre es mayor que Yo" (Juan 14:28).

Es imposible para nosotros entender cómo pudo Cristo, como Dios, humillarse a sí mismo hasta la muerte de cruz, y es peor que inútil el que especulemos al respecto. Todo cuanto podemos hacer es aceptar los hechos tal como la Biblia los presenta. Si el lector encuentra difícil armonizar algunas de las declaraciones de la Biblia concernientes a la naturaleza de Cristo, recuerde que sería imposible expresarlo en términos que permitieran a las mentes finitas comprenderlo todo. Así como el injerto de los Gentiles a la raíz de Israel es contrario a la naturaleza, tanto más la Divinidad es una paradoja para la comprensión humana.

Citaremos otros textos que nos llevarán más de cerca a la humanidad de Cristo, y a lo que ésta significa para nosotros. Ya hemos leído que "el Verbo se hizo carne", y ahora leeremos lo que dice Pablo concerniente a la naturaleza de esa carne: "Porque lo que era imposible a la Ley, por cuanto era débil por la carne; Dios, al enviar a su propio Hijo en semejanza de carne de pecado, y como sacrificio por el pecado, condenó al pecado en la carne; para que la justicia que quiere la Ley se cumpla en nosotros, que no andamos conforme a la carne, sino conforme al Espíritu" (Rom. 8:3 y 4).

Poco será necesario reflexionar para comprender que si Cristo tomó sobre sí mismo la semejanza de hombre a fin de poder redimir al hombre, tuvo que ser el hombre pecaminoso al que debió ser hecho semejante, puesto que es al hombre pecaminoso a quien vino a redimir. La muerte no podía tener poder sobre un hombre inmaculado, como lo fue Adán en el Edén; y no hubiese podido tener ningún poder sobre Cristo si el Señor no hubiera puesto en él la iniquidad de todos nosotros. Más aun, el hecho de que Cristo tomó sobre sí la carne, no de un ser inmaculado, sino de uno pecaminoso, esto es, que la carne que él asumió tenía todas las debilidades y tendencias pecaminosas a las cuales la naturaleza humana caída está sujeta, se ve por la declaración de que "fue hecho de la simiente de David según la carne". David tenía todas las pasiones de la naturaleza humana. David dice de sí mismo: "En maldad nací yo; y en pecado me concibió mi madre" (Sal. 51:5).

La siguiente declaración, en el libro de Hebreos, es muy clara a ese respecto:

"Porque de cierto, no vino para ayudar a los ángeles, sino a los descendientes de Abraham. Por eso, debía ser en todo semejante a sus hermanos, para venir a ser compasivo y fiel Sumo Sacerdote ante Dios, para expiar los pecados del pueblo. Y como él mismo padeció al ser tentado, es poderoso para socorrer a los que son tentados" (Heb. 2:16-18).

Si fue hecho en todas las cosas semejante a sus hermanos, entonces tuvo que sufrir todas las debilidades y estar expuesto a todas las tentaciones de sus hermanos. Otros dos textos muestran este punto claramente, proveyendo abundante evidencia al respecto. Primeramente veremos 2ª de Corintios 5:21:

"Al que no tenía pecado [Jesús], Dios lo hizo pecado por nosotros, para que nosotros seamos hechos justicia de Dios en él"

Eso es aun más categórico que declarar que fue hecho "en semejanza de carne de pecado". Fue hecho pecado. Nos encontramos ante el mismo misterio que el de la muerte del Hijo de Dios. El Cordero inmaculado de Dios, que no tenía pecado, fue hecho pecado. Sin pecado; sin embargo, no solamente contado como pecador, sino en realidad tomando sobre sí la naturaleza pecaminosa. Él fue hecho pecado para que nosotros seamos hechos justicia. Así, Pablo dice a los Gálatas que "Dios envió a su Hijo, nacido de mujer, nacido bajo la Ley, para redimir a los que estaban bajo la Ley, a fin de que recibiésemos la adopción de hijos" (Gál. 4:4 y 5).

"Y como él mismo padeció al ser tentado, es poderoso para socorrer a los que son tentados". "Porque no tenemos un Sumo Sacerdote incapaz de simpatizar con nuestras debilidades; sino al contrario, fue tentado en todo según nuestra semejanza, pero sin pecado. Acerquémonos, pues, con segura confianza al trono de la gracia, para alcanzar misericordia y hallar gracia para el oportuno socorro" (Heb. 2:18; 4:15 y 16).

Un punto más, y podremos aprender la lección completa en relación con el hecho de que "el Verbo se hizo carne, y habitó entre nosotros". ¿Cómo es que Cristo pudo estar "rodeado de flaqueza" (Heb. 5:2) y sin embargo no cometer pecado? Algunos han pensado, por lo leído hasta aquí, que rebajamos el carácter de Jesús, por denigrarlo hasta al nivel del hombre pecaminoso. Al contrario, estamos precisamente exaltando el poder divino de nuestro bendito Salvador, quien descendió voluntariamente al nivel del hombre pecaminoso, para que pudiera exaltar al hombre a su propia pureza inmaculada, la cual retuvo bajo las circunstancias más adversas. Su humanidad solamente veló su naturaleza divina, por la cual estaba conectado inseparablemente con el Dios invisible, y que fue más que capaz de resistir exitosamente la debilidad de la carne. Hubo en toda su vida una lucha. La carne, afectada por el enemigo de toda justicia, tendía a pecar, sin embargo su naturaleza divina nunca albergó, ni por un momento, un mal deseo, ni vaciló jamás su poder divino. Habiendo sufrido en la carne todo lo que la humanidad pueda jamás sufrir, regresó al trono del Padre tan inmaculado como cuando dejó las cortes de gloria. Cuando descendió a la tumba bajo el poder de la muerte, no pudo ser retenido por ella, porque "no tenía pecado".

Pero alguien dirá: 'No encuentro consuelo en eso. Dispongo ciertamente de un ejemplo, pero no puedo seguirlo, ya que carezco del poder que Cristo tuvo. Él fue Dios aun mientras estaba aquí en la tierra; yo no soy más que un hombre'. –Sí, pero puedes tener el mismo poder que él tuvo, si así lo deseas. Él estuvo "rodeado de flaqueza", sin embargo "no hizo pecado" por el poder Divino habitando constantemente en él. Ahora escucha las inspiradas palabras del apóstol Pablo, y ve lo que es tu privilegio obtener:

"Por esta causa doblo mis rodillas ante el Padre de nuestro Señor Jesucristo, de quien toma nombre toda la familia de los cielos y de la tierra, que os dé, conforme a la riqueza de su gloria, el ser fortalecidos con poder en el hombre interior por su Espíritu. Que habite Cristo por la fe en vuestro corazón, para que, arraigados y fundados en amor, podáis comprender bien con todos los santos, la anchura y la longitud, la profundidad y la altura del amor de Cristo, y conocer ese amor que supera a todo conocimiento, para que seáis llenos de toda la plenitud de Dios" (Efe. 3:14-19).

¿Se puede pedir más? Cristo, en quien habita toda la plenitud de Dios, puede habitar en nuestros corazones, para que nosotros podamos ser colmados de toda la plenitud de Dios. ¡Qué promesa más maravillosa! Él puede "simpatizar con nuestras debilidades." Habiendo sufrido todo lo que hereda la carne pecaminosa, lo conoce todo, y tan de cerca se identifica con sus hijos, que cualquier cosa que pese sobre ellos, recae igualmente sobre él, y él sabe cuánto poder Divino es necesario para resistirlo; y si anhelamos sinceramente negar "la impiedad y los deseos mundanos", él es poderoso, y está deseoso por darnos la fortaleza "para hacer infinitamente más que todo cuanto pedimos o entendemos". Todo el poder que Cristo tenía habitando en él por naturaleza, podemos tenerlo habitando en nosotros por gracia, ya que nos la otorga sin precio y sin medida.

Por lo tanto, cobre ánimo toda alma cansada, débil y oprimida por el pecado. Acérquese "con segura confianza al trono de la gracia", donde puede estar seguro de encontrar gracia auxiliadora para la hora de la necesidad, porque esa necesidad es sentida por nuestro Salvador en esa misma hora. Le conmueve "el sentimiento de nuestra flaqueza". Si fuera simplemente que Cristo sufrió mil ochocientos años atrás, podríamos temer que haya olvidado algo relativo a la flaqueza; pero no: la misma tentación que te oprime a ti le conmueve a él. Sus heridas están siempre frescas, y vive siempre para interceder por ti.

¡Qué maravillosas posibilidades hay para el cristiano! ¡Qué alturas de santidad puede obtener! No importa cuánto pueda guerrear contra él Satanás, asaltándolo donde la carne es más débil. Siempre puede habitar bajo la sombra del Omnipotente, y ser lleno con la plenitud del poder de Dios. El que es más fuerte que Satanás puede vivir en su corazón ininterrumpidamente; y por lo tanto, observando los asaltos de Satanás como desde una gran fortaleza, puede decir: "Todo lo puedo en Cristo que me fortalece" (Fil. 4:13).

Capítulo 7

Importantes lecciones Prácticas

No es tan solo a título de teoría interesante, o de simple dogma, que debiéramos considerar a Cristo como Dios y Creador. Toda doctrina de la Biblia es para nuestro beneficio práctico, y con ese propósito se la debiera estudiar.

Veamos primero qué relación guarda esta doctrina con el mandamiento central de la ley de Dios. En Génesis 2:1-3 leemos estas palabras, a modo de clausura del relato de la creación: "Así quedaron acabados los cielos y la tierra, y todas sus criaturas. Y acabó Dios en el séptimo día la obra que hizo, y reposó en el séptimo día de todo lo que había hecho en la creación. Y Dios bendijo al séptimo día, y lo santificó, porque en él reposó de toda la obra que había hecho en la creación". La versión Judea (Jewish) expresa más literalmente el texto: "Así fueron acabados los cielos y la tierra, y todas sus criaturas. Y Dios terminó en el séptimo día su obra que había hecho", etc. Es precisamente lo que encontramos en el cuarto mandamiento (Éx. 20:8-11).

Vemos pues -y es muy lógico-, que el mismo Ser que creó, descansó. El que obró seis días creando la tierra, descansó en el séptimo, lo bendijo y lo santificó. Pero ya hemos visto que Dios Padre creó los mundos por su Hijo Jesucristo, y que Cristo creó todo lo que existe. Por lo tanto, es inevitable concluir que Cristo descansó en ese primer séptimo día, al final de los seis días de la creación, y que lo bendijo y santificó. Por lo tanto, el séptimo día -el Sábado- es con toda propiedad el día del Señor. Cuando Jesús dijo a los Fariseos murmuradores: "Porque el Hijo del Hombre es Señor del sábado" (Mat. 12:8), declaró su señorío sobre el mismo día que ellos tan escrupulosamente observaban en la forma; e hizo esto con palabras que muestran que él lo consideraba como su insignia de autoridad, como demostrando el hecho de que él era mayor que el templo. Por lo tanto, el séptimo día es el memorial divinamente señalado de la creación. Es el más honrado de todos los días, puesto que su misión especial es traer a la mente el poder creativo de Dios, que es la prueba de su divinidad para el hombre. Y así, cuando Cristo dijo que el Hijo del Hombre es Señor aun del sábado, señaló un hecho sublime: -nada menos que el de ser el Creador, siendo el sábado un recordatorio de su divinidad.

¿Qué debemos decir, entonces, a la sugerencia hecha a menudo de que Cristo cambió el día del sábado, de un día que conmemora la terminación de la creación a un día que carece de tal significación? Sencillamente esto, que cambiar o abolir el sábado equivaldría a destruir aquello que trae a la mente su divinidad. Si Cristo hubiera abolido el sábado, hubiera deshecho la obra de sus propias manos, y por lo tanto hubiera obrado en contra de sí mismo; y un reino dividido contra sí no puede permanecer. Pero Cristo "no se puede negar a sí mismo", y en consecuencia no cambió ni una jota de aquello que él mismo estableció, y que al testificar de su divinidad lo declara ser digno del honor que merece, por encima de todos los dioses de los paganos. Hubiera sido tan imposible para Cristo el cambiar el sábado, como hubiera sido cambiar el hecho de que él creó todas las cosas en seis días, y descansó en el séptimo.

Una vez más, las declaraciones tantas veces repetidas de que el Señor es el Creador, tienen el propósito de ser fuente de fortaleza. Observa cómo están relacionadas la creación y la redención en el primer capítulo de Colosenses.

Para entenderlo leeremos los versículos 9 al 19:

"Por eso también nosotros, desde el día que lo oímos, no cesamos de orar por vosotros y pedir que seáis llenos del cabal conocimiento de su voluntad, en toda sabiduría e inteligencia espiritual; para que andéis como es digno del Señor, a fin de agradarle en todo, para que fructifiquéis en toda buena obra, y crezcáis en el conocimiento de Dios. Fortaleceos con todo poder, conforme a la potencia de su gloria, para que tengáis paciencia y longanimidad; y con gozo deis gracias al Padre que nos hizo aptos para participar de la herencia de los santos en luz. Él nos libró de la potestad de las tinieblas y nos trasladó al reino de su amado Hijo, en quien tenemos redención por su sangre, el perdón de los pecados. Cristo es la imagen del Dios invisible, el primogénito de toda la creación. Por él fueron creadas todas las cosas, las que están en los cielos y las que están en la tierra, visibles e invisibles; sean tronos, sean dominios, sean principados o autoridades. Todo fue creado por medio de él y para él. Porque Cristo existía antes de todas las cosas, y todas las cosas subsisten en él. Él es la cabeza del cuerpo que es la iglesia. Él es el principio, el primogénito de los muertos, para que en todo tenga la preeminencia. Por cuanto agradó al Padre que en él habitase toda plenitud".

No es por casualidad que la maravillosa declaración relativa a Cristo como Creador se encuentra ligada a la declaración de que en él tenemos redención. Cuando el apóstol expresa su deseo de que seamos fortalecidos "con todo poder, conforme a la potencia de su gloria", nos proporciona instrucción acerca de ese glorioso poder.

Cuando nos habla acerca de la liberación de la potestad de las tinieblas, nos dirige hacia el poder del Libertador. Es para nuestro consuelo que se afirma que la cabeza de la iglesia es el Creador de todas las cosas. Se nos informa que él sostiene todas las cosas por la palabra de su poder (Heb. 1:3), para que descansemos en la seguridad de que el brazo que sostiene a toda la naturaleza es poderoso para cuidar de sus hijos.

Observemos la relación con Isaías 40:26. El capítulo presenta la sabiduría y poder maravillosos de Cristo, al llamar a todas las criaturas por sus nombres y al mantenerlos a todos en su integridad por su excelsa grandeza y por la fuerza de su poder, pera preguntar a continuación: "¿Por qué dices, oh Jacob, y hablas tú, Israel: Mi camino está encubierto al Eterno, y mi derecho pasa inadvertido a mi Dios? ¿No has sabido? ¿No has oído? El Señor es el Dios eterno, el Creador de los fines de la tierra. No se cansa ni se fatiga, y su entendimiento es insondable". Efectivamente, "Él da vigor al cansado, y aumenta la fuerza del impotente". Su poder es, de hecho, la capacidad para crear todo a partir de la nada; por lo tanto, puede obrar maravillas en favor de aquellos que carecen de fortaleza. Puede sacar fuerzas de debilidad. Es pues seguro que todo aquello que mantenga vivo ante la mente el poder de Cristo tendrá por efecto la renovación de nuestra fuerza y ánimo espiritual.

Ese es precisamente el propósito del sábado. Lee el salmo noventa y dos, que es un salmo dedicado al sábado. Así rezan los primeros cuatro versículos:

"Bueno es alabarte, oh Eterno, y cantar salmos a tu nombre, oh Altísimo. Anunciar tu amor por la mañana, y tu fidelidad cada noche, al son del decacordio y el salterio, en tono suave con el arpa. Oh Eterno, por cuanto me has alegrado con tus obras, en las obras de tus manos me gozo".

¿Qué tiene esto que ver con el sábado? Está claro: El sábado es el memorial de la creación. Dice el Señor: "Les di también mis sábados, para que fuesen una señal entre mí y ellos, para que supiesen que yo soy el Eterno que los santifico" (Eze. 20:12). El Salmista guardó el sábado como Dios quiso que se guardara -meditando acerca de la creación y el maravilloso poder y bondad de Dios en ella exhibidos. Y después, reflexionando sobre ello, se dio cuenta de que el Dios que viste los lirios con una gloria que sobrepasa a la de Salomón, se preocupa aún mucho más por sus criaturas inteligentes; y al mirar a los cielos, que muestran el poder y la gloria de Dios, y darse cuenta que fueron traídos a la existencia a partir de la nada, le vino el pensamiento alentador de que ese mismo poder obraría en él para liberarlo de su flaqueza humana. Por lo tanto, halló el gozo y la alegría en la obra de las manos de Dios. El conocimiento del poder de Dios que obtuvo por la contemplación de la creación, lo llenó de ánimo al comprender que ese mismo poder estaba a su disposición; y aferrándose a ese poder por la fe, logró grandes victorias. Tal es el propósito del sábado: llevar al hombre al conocimiento de Dios para salvación.

Resumimos así el pensamiento:

La fe en Dios viene por el conocimiento de su poder; desconfiar de él implica ignorancia acerca de su poder para cumplir sus promesas; nuestra fe en él será proporcional al conocimiento que tengamos de su poder.

La contemplación inteligente de la creación de Dios nos proporciona el verdadero concepto de su poder, puesto que su poder eterno y su divinidad se entienden por las cosas que él creó (Rom. 1:20).

Es la fe la que da la victoria (1 Juan 5:4); por lo tanto, como la fe viene por conocer el poder de Dios, a partir de su palabra y de las cosas que él creó, viene a resultar que ganamos la victoria por la obra de sus manos. El sábado, entonces, que es el memorial de la creación, observado apropiadamente, es una gran fuente de fortaleza en la lucha del cristiano.

Esta es la importancia de Ezequiel 20:12: "Les di también mis sábados, para que fuesen una señal entre mí y ellos, para que supiesen que yo soy el Eterno que los santifico". Esto es, sabiendo que la voluntad de Dios es nuestra santificación (1 Tes. 4:3; 5:23 y 24), mediante el uso apropiado del sábado comprendemos el poder de Dios para nuestra santificación. El mismo poder que se manifestó en la creación de los mundos, se manifiesta para la santificación de aquellos que se entregan a la voluntad de Dios. Este pensamiento, comprendido en su sentido más abarcante, traerá con toda seguridad gozo y consuelo divinos al alma sincera. A la vista de lo anterior podemos apreciar la fuerza de Isaías 58: 13 y 14: "Si retiras tu pie de pisotear el sábado, de hacer tu voluntad en mi día santo, y si al sábado llamas delicia, santo, glorioso del Eterno, y lo veneras, no siguiendo tus caminos, ni buscando tu voluntad, ni hablando palabras vanas, entonces te deleitarás en el Señor, y yo te haré subir sobre las alturas de la tierra, y te sustentaré con la herencia de Jacob tu padre; porque la boca del Eterno lo ha dicho".

Es decir, si se guarda el sábado de acuerdo con el plan de Dios, como un memorial de su poder creativo, como el recuerdo del poder Divino manifestado para la salvación de su pueblo, el alma, triunfante en las obras que él hizo, se deleitará en el Señor. Por consiguiente, el sábado es el gran punto de apoyo para la palanca de la fe, que eleva el alma a las alturas del trono de Dios, poniéndolo en comunión con él.

Resumiéndolo en pocas palabras se podría expresar así: El poder eterno y la divinidad del Señor se revelan en la creación (Rom. 1:20). Es la capacidad de crear lo que da la dimensión del poder de Dios. Pero el evangelio es el poder de Dios para salvación (Rom. 1:16). Por lo tanto, el evangelio nos revela precisamente el poder que se manifestó para traer los mundos a la existencia, ejercido ahora para la salvación de los hombres. Se trata en ambos casos del mismo poder.

A la luz de esta gran verdad, no hay lugar para la controversia acerca de si la redención es mayor que la creación: la redención es creación (ver 2 Cor. 5:17; Efe. 4:24). El poder de la redención es el poder de la creación; el poder de Dios para salvación es el poder capaz de tomar la nulidad humana, y hacer de ella lo que será por todas las edades eternas para alabanza y gloria de la gracia de Dios. "Por eso, los que padecen según la voluntad de Dios, sigan haciendo el bien y encomiéndense al fiel Creador" (1 Pedro 4:19).

Capítulo 8

Cristo, el Legislador

"Porque el Eterno es nuestro Juez, el Señor es nuestro Legislador, el Eterno es nuestro Rey; él mismo nos salvará" (Isa. 33:22).

Consideremos ahora a Cristo en otro aspecto distinto, aunque en realidad no sea realmente diferente. Se trata de la consecuencia natural de su posición como Creador, porque el que crea -de crear- debe ciertamente tener autoridad para guiar y controlar. Leemos en Juan 5:22 y 23 las palabras de Cristo: "El Padre a nadie juzga, sino que confió todo el juicio al Hijo; para que todos honren al Hijo como honran al Padre". Tal como Cristo es la manifestación del Padre en la creación, así es también la manifestación del Padre legislando y ejecutando la ley. Unos pocos textos de la Escritura bastarán para probarlo.

En Números 21:4-6 tenemos el relato parcial de un incidente sucedido mientras los hijos de Israel estaban en el desierto. Es éste: "Después partieron del monte Hor, camino del Mar Rojo, para rodear el país de Edom. Y el pueblo se impacientó por el camino. Y hablaron contra Dios y contra Moisés: ¿Por qué nos hiciste subir de Egipto para morir en este desierto, donde no hay pan ni agua? Ya estamos cansados de este pan tan liviano. Y el Eterno envió entre el pueblo serpientes ardientes, que mordían al pueblo y murió mucha gente de Israel". El pueblo habló en contra de Dios y en contra de Moisés, diciendo: '¿Por qué nos has traído al desierto?' Encontraron defecto en su dirigente. Es por ello que fueron atacados por las serpientes. Ahora leamos las palabras del apóstol Pablo referentes al mismo evento:

"Ni tentéis a Cristo, como algunos de ellos lo tentaron, y perecieron por las serpientes" (1 Cor. 10:9). ¿Qué prueba esto? -Que Cristo era el dirigente contra quien estaban murmurando. Eso queda aún más claro por el hecho de que Moisés se puso del lado de Israel, rehusando ser llamado el hijo de la hija del Faraón, y estimó el reproche de Cristo mayor riqueza que los tesoros de Egipto (Heb. 11:26). Lee también 1 Cor. 10:4, donde Pablo dice que los padres "todos bebieron la misma bebida espiritual; porque bebían de la Roca espiritual que los seguía, y la Roca era Cristo". Así pues, Cristo era el dirigente de Israel desde Egipto.

El tercer capítulo de Hebreos da fe del mismo hecho. Allí se nos invita a considerar al Apóstol y Sumo Sacerdote de nuestra profesión, Cristo Jesús, quien fue fiel en toda su casa, no como un sirviente, sino como Hijo sobre su propia casa (vers. 1 al 6). Se nos dice a continuación que nosotros somos su casa, si retenemos nuestra confianza firme hasta el fin. Por lo tanto, el Espíritu Santo nos exhorta a oír su voz y a no endurecer nuestros corazones, tal como hicieron los padres en el desierto. "Porque hemos llegado a ser participantes de Cristo, si retenemos firme el principio de nuestra confianza hasta el fin. Entre tanto que se dice: 'Si hoy oís su voz, [la de Cristo], no endurezcáis vuestro corazón como en la provocación'". ¿Quienes fueron los que, habiendo oído, lo provocaron? ¿No fueron todos los que habían salido de Egipto con Moisés? ¿Con quiénes estuvo Dios [Cristo] enojado cuarenta años? ¿No fue con los que pecaron, cuyos cuerpos cayeron en el desierto? (vers. 14 al 17). Se presenta aquí nuevamente a Cristo como el dirigente y comandante de Israel en sus cuarenta años de peregrinación por el desierto.

Vemos lo mismo en Josué 5:13 al 15, donde leemos que aquel hombre a quien Josué vio cerca de Jericó blandiendo una espada desenvainada en su mano, en respuesta a la pregunta de Josué, "¿Eres de los nuestros, o de nuestros enemigos?", dijo: "No. Yo Soy el Príncipe del ejército del eterno, que he venido." En verdad, nadie se atreverá a discutir que Cristo fue el auténtico dirigente de Israel, aunque invisible. Moisés, el dirigente visible de Israel, "se sostuvo como quien ve al Invisible". Fue Cristo quien comisionó a Moisés a ir y libertar a su Pueblo. Leamos ahora Éxodo 20:1 al 3:

"Entonces Dios habló estas palabras: 'Yo Soy el Eterno tu Dios, que te saqué de Egipto, de casa de servidumbre. No tendrás otros dioses fuera de mí'". ¿Quién habló estas palabras? -Aquel que los sacó de Egipto. Y ¿quién era el dirigente de Israel desde Egipto? Era Cristo. Entonces, ¿quién pronunció la ley desde el Sinaí? -Cristo, el resplandor de su gloria, y la misma imagen de su ser real, quien es la manifestación de Dios al hombre. Fue el Creador de todo cuanto haya sido creado, y Aquel a quien se encomendó todo el juicio.

Hay otra forma de llegar a la demostración de este punto: Cuando el Señor venga, será con aclamación (1 Tes. 4:16). Su voz penetrará las tumbas y resucitará a los muertos (Juan 5:28 y 29). "El Eterno bramará desde lo alto, desde su santa morada dará su voz. Bramará con fuerza contra su tierra. Canción de lagareros cantará contra todos los habitantes de la tierra. El estruendo llegará hasta el fin de la tierra; porque el Eterno tiene juicio contra las naciones. Él es el Juez de toda carne, y entregará a los impíos a espada -dice el Eterno" (Jer. 25:30 y 31). Comparando esto con Apocalipsis 19:11 al 21, donde Cristo como Comandante de los ejércitos celestiales, el Verbo de Dios, Rey de reyes, Señor de señores, sale a pisar el lagar del vino del furor de la ira del Dios Todopoderoso, destruyendo a todos los impíos, reconocemos que es Cristo quien "brama" desde su morada contra todos los habitantes de la tierra, al entrar en controversia con las naciones. Joel añade algo más, al decir, "El eterno bramará desde Sión, tronará desde Jerusalén, y temblarán el cielo y la tierra" (Joel 3:16).

A partir de estos textos, a los que cabría añadir otros, vemos que en la venida del Señor a libertar a su pueblo, él habla con una voz que hace temblar la tierra y el cielo: "vacilará la tierra como un borracho, será removida como una choza" (Isa. 24:20), y "los cielos desaparecerán con gran estruendo" (2 Ped. 3:10). Leamos ahora Hebreos 12:25 y 26:

"Mirad que no desechéis al que habla. Porque si aquellos que desecharon al que hablaba en la tierra, no escaparon; mucho menos nosotros, si desecháramos al que habla desde el cielo. En aquel entonces, su voz sacudió la tierra. Pero ahora prometió: Aún una vez, y sacudiré no sólo la tierra, sino aun el cielo".

La ocasión en la que la voz sacudió la tierra fue al promulgar la ley al pie del Sinaí (Éx. 19:18-20; Heb. 12:18-20), un acontecimiento sobrecogedor sin paralelo hasta hoy, y que no lo tendrá hasta que el Señor venga con todos los ángeles del cielo a salvar a su pueblo. Pero observemos: la misma voz que entonces sacudió la tierra, sacudirá en el tiempo venidero, no solamente la tierra sino también el cielo; y hemos visto que es la voz de Cristo que atronará hasta el punto de hacer temblar el cielo y la tierra, en el desenlace de su controversia con las naciones. Por lo tanto, queda demostrado que fue la voz de Cristo la que se hizo oír en el Sinaí, proclamando los diez mandamientos. Esto coincide exactamente con la conclusión lógica de lo ya comentado a propósito de Cristo como Creador y Hacedor del sábado.

En efecto, el hecho de que Cristo sea parte de la divinidad, poseyendo todos los atributos de ella, igual al Padre a todo respecto como Creador y Legislador, es la razón básica del poder de la expiación. Solamente así es posible la redención. Cristo murió "para llevarnos a Dios" (1 Ped. 3:18); pero si le hubiera faltado un ápice para ser igual a Dios, no nos hubiera podido traer a Dios. La divinidad significa la posesión de los atributos de la Deidad. Si Cristo no hubiese sido divino, entonces habríamos tenido solamente un sacrificio humano. Poco importa que se conceda el que Cristo fuese la más grande inteligencia creada en el universo; en ese caso hubiera sido meramente un ser en obligación de lealtad a la ley, sin posibilidad de mayor virtud que la de cumplir su propio deber. No habría podido tener justicia que impartir a otros. Hay una distancia infinita entre el más exaltado ángel que jamás haya sido creado, y Dios; por lo tanto, el ángel más exaltado que quepa imaginar no podía levantar al hombre caído y hacerlo partícipe de la naturaleza divina. Los ángeles pueden ministrar, pero sólo Dios puede redimir. A Dios sean dadas gracias por salvarnos "por la redención que hay en Cristo Jesús," en quien habita toda la plenitud de la divinidad corporalmente, y quien es en consecuencia capaz de salvar hasta lo sumo a los que vienen a Dios por él.

Esta verdad contribuye a un más perfecto entendimiento de la razón por la que se denomina a Cristo "el Verbo de Dios". Es por medio de él como la voluntad y el poder divinos se dan a conocer a los hombres. Él es –por así decirlo– el portavoz de la divinidad, la manifestación de Dios. Es él quien declara –da a conocer– a Dios al hombre. Plugo al Padre que en él morara toda plenitud; y así, el Padre no es relegado a una posición secundaria, como algunos imaginan, cuando Cristo es exaltado como Creador y Legislador; ya que la gloria del Padre brilla precisamente a través del Hijo. Siendo que Dios se da a conocer solamente a través de Cristo, es evidente que el Padre no puede ser honrado como debiera serlo, por aquellos que dejan de exaltar a Cristo. Como él mismo dijo, "El que no honra al Hijo, no honra al Padre que lo envió" (Juan 5:23).

Te preguntas cómo puede Cristo ser el Mediador entre Dios y el hombre, y también el Legislador. No hemos de explicar el cómo, sino aceptar el relato de las Escrituras de que es así. Y el que sea así es lo que da solidez a la doctrina de la expiación. La garantía que tiene el pecador del perdón completo y gratuito, descansa en el hecho de que el Legislador mismo, Aquel contra quien se ha rebelado y ha desafiado, es el que se dio por nosotros. ¿Cómo es posible que alguien ponga en duda la honestidad del propósito de Dios, o su voluntad perfecta para con los hombres, cuando se dio a sí mismo por su redención? Porque no hay que imaginar que el Padre y el Hijo estuviesen separados en esta obra. Fueron Uno en esto, como en todo lo demás. El consejo de paz fue entre los dos (Zac. 6:12 y 13), y aun estando aquí en la tierra, el Hijo unigénito estaba en el seno del Padre.

¡Qué maravillosa manifestación de amor! El Inocente sufrió por el culpable; el Justo por el injusto; el Creador por la criatura; el Hacedor de la ley, por el transgresor de la ley; el Rey, por sus súbditos rebeldes. Puesto que Dios no eximió ni aun a su propio Hijo, sino que lo entregó por todos nosotros, ¿cómo no nos dará también con él gratuitamente todas las cosas? El Amor infinito no pudo encontrar mayor manifestación de sí. Bien puede decir el Señor, "¿Que más se había de hacer a mi viña, que yo no haya hecho?"

Capítulo 9

La Justicia de Dios

"Buscad primero el reino de Dios y su justicia, y todas estas cosas os serán añadidas"

(Mat. 6:33).

La justicia de Dios, dice Jesús, es lo primero a buscar en esta vida. El alimento y la vestimenta son asuntos menores en comparación con aquella. Dios los dará por añadidura, de manera que no es necesario preocuparse ni entregarse a la congoja; el reino de Dios y su justicia debieran ser el objeto principal de la vida.

En 1ª de Corintios 1:30 leemos que Cristo nos fue hecho tanto justificación como sabiduría; y puesto que Cristo es la sabiduría de Dios, y en él habita toda la plenitud de la divinidad corporalmente, es evidente que la justicia que él fue hecho por nosotros, es la justicia de Dios. Veamos en qué consiste esa justicia:

En el Salmo 119:172, el salmista interpela de esta manera al Señor: "Mi lengua canta tu Palabra, porque todos tus mandamientos son justicia". Los mandamientos son justicia, no solo justicia en abstracto, sino que son la justicia de Dios. Para comprenderlo leamos lo siguiente:

"Alzad al cielo vuestros ojos, y mirad abajo a la tierra; porque el cielo se desvanecerá como humo, y la tierra se envejecerá como ropa de vestir. De la misma manera perecerán sus habitantes. Pero mi salvación será para siempre, y mi justicia no será abolida. Oídme, los que conocéis justicia, pueblo en cuyo corazón está mi Ley. No temáis afrenta de hombre, ni desmayéis por sus reproches" (Isa. 51:6 y 7).

¿Qué nos enseña lo anterior? -Que quienes conocen la justicia de Dios son aquellos en cuyos corazones está su ley, y por lo tanto, que la ley de Dios es la justicia de Dios.

Esto se puede demostrar también de esta otra forma: "Toda injusticia -mala acción- es pecado" (1 Juan 5:17). "Todo el que comete pecado, quebranta la Ley, pues el pecado es la transgresión de la Ley" (1 Juan 3:4). El pecado es la transgresión de la ley, y es también injusticia; por lo tanto, el pecado y la injusticia son idénticos. Pero si la injusticia es la transgresión de la ley, la justicia debe ser la obediencia a la ley. O, expresándolo en forma de ecuación:

injusticia = pecado (1 Juan 5:17)

transgresión de la ley = pecado (1 Juan 3:4)

De acuerdo con el axioma de que dos cosas que son iguales a una tercera, son iguales entre sí, concluimos que:

injusticia = transgresión de la ley

Y enunciado la misma igualdad en términos positivos, resulta que:

justicia = obediencia a la ley

¿Qué ley es aquella con respecto a la cual la obediencia es justicia, y la desobediencia pecado? Es la ley que dice: "No codiciarás", puesto que el apóstol Pablo afirma que esa fue la ley que lo convenció de pecado (Rom. 7:7). La ley de los diez mandamientos, pues, es la medida de la justicia de Dios. Siendo que es la ley de Dios, y que es justicia, tiene que ser la justicia de Dios. No hay ciertamente ninguna otra justicia.

Puesto que la ley es la justicia de Dios -una trascripción de su carácter- es fácil ver que temer a Dios y guardar sus mandamientos es todo el deber del hombre (Ecl. 12:13). No piense nadie que su deber vendrá a resultar acotado y circunscrito al confinarlo a los diez mandamientos, porque estos son "inmensos" (Sal. 119:96). "La ley es espiritual", y abarca mucho más de lo que el lector común puede discernir a primera vista. "Porque el hombre natural no percibe las cosas del Espíritu de Dios, porque le son necedad; y no las puede entender, porque se han de discernir espiritualmente" (1 Cor. 2:14). Solamente pueden comprender su inmensa amplitud aquellos que meditan en la ley de Dios con oración. Unos pocos textos de la Escritura bastarán para mostrarnos algo de su inmensidad.

En el sermón del monte, Cristo dijo: "Oísteis que fue dicho a los antiguos: No matarás. El que mata será culpado del juicio. Pero yo os digo, cualquiera que se enoje con su hermano, será culpado del juicio; cualquiera que diga a su hermano: Imbécil, será culpado ante el sanedrín. Y cualquiera que le diga: Fatuo, estará en peligro del fuego del infierno" (Mat. 5:21 y 22). Y otra vez: "Oísteis que fue dicho: No cometerás adulterio. Pero yo os digo, el que mira a una mujer para codiciarla, ya adulteró con ella en su corazón" (vers. 27 y 28).

Esto no significa que los mandamientos "No matarás" y "No cometerás adulterio" sean imperfectos, o que Dios requiera ahora de los cristianos un mayor grado de moralidad del que requirió de su pueblo cuando se les llamaba Judíos. Requiere lo mismo de todo ser humano, en todo tiempo. Lo que hizo el Salvador fue simplemente explicar estos mandamientos, y mostrar su espiritualidad. A la acusación tácita de los Fariseos de que él ignoraba y denigraba la ley moral, contestó diciendo que él vino con el propósito de establecer la ley, y que no podía ser abolida; y después explicó el verdadero significado de la ley en una manera en que los convenció de estarla ignorando y desobedeciendo. Mostró que aun una mirada o un pensamiento pueden ser una violación de la ley, y que ésta discierne en verdad los pensamientos y las intenciones del corazón.

Cristo no reveló con ello una verdad nueva, sino que sacó a la luz y descubrió una antigua verdad. La ley significaba tanto cuando él la proclamó desde el Sinaí, como cuando la explicó en aquel monte de Judea. Cuando, en tonos que sacudieron la tierra, dijo: "No matarás", significaba: "No cobijarás ira en el corazón; no consentirás en la envidia, la contención, ni ninguna cosa que esté, en el más mínimo grado, emparentada con el homicidio". Todo esto y mucho más está contenido en las palabras "No matarás". Y así lo enseñó la Palabra inspirada del Antiguo Testamento. Salomón mostró que la ley tiene que ver tanto con las cosas invisibles como con las visibles, al escribir:

"El fin de todo el discurso, es éste: Venera a Dios y guarda sus Mandamientos, porque éste es todo el deber del hombre. Porque Dios traerá toda obra a juicio, incluyendo toda cosa oculta, buena o mala" (Ecl. 12:13 y 14).

Este es el argumento: el juicio alcanza a toda cosa secreta; la ley de Dios es la norma en el juicio; es decir, determina la calidad de cada acto, sea bueno o malo; por lo tanto, la ley de Dios prohíbe la maldad tanto en los pensamientos como en los actos. Así pues, concluimos que los mandamientos de Dios contienen todo el deber del hombre.

Dice el primer mandamiento: "No tendrás otros dioses fuera de mí". El apóstol se refiere en Filipenses 3:19 a algunos cuyo "dios es el vientre". Pero la glotonería y la intemperancia son homicidio contra uno mismo; y así vemos que el primer mandamiento se extiende hasta el sexto. Hay más, también nos dice que la codicia es idolatría (Col. 3:5). No es posible violar el décimo mandamiento sin violar el primero y el segundo. En otras palabras, el décimo mandamiento converge con el primero, y resulta que el decálogo viene a ser un círculo cuya circunferencia es tan abarcante como el universo, y que contiene dentro de sí el deber moral de toda criatura. En suma, es la medida de la justicia de Dios, quien habita la eternidad.

Es pues evidente la pertinencia de la declaración: "los hacedores de la ley serán justificados". Justificar significa hacer justo, o demostrar la justicia de alguien. Es evidente que la obediencia perfecta a una ley justa constituiría a uno en una persona justa. El designio de Dios era que todas sus criaturas rindieran una obediencia tal a la ley, y así es como la ley fue ordenada para dar vida (Rom. 7:10).

Pero para que uno fuese juzgado como "hacedor de la ley" sería necesario que hubiese guardado la totalidad la ley en cada momento de su vida. De no alcanzar esto, no se puede decir que haya cumplido la ley. Nadie puede ser un hacedor de la ley si la ha cumplido sólo en parte. Es un hecho triste, pero cierto, que no hay en la raza humana un sólo hacedor de la ley, porque los Judíos y los Gentiles están "todos bajo pecado; pues está escrito: No hay justo ni aun uno. No hay quien entienda, no hay quien busque a Dios. Todos se desviaron, se echaron a perder. No hay quien haga lo bueno, no hay ni aun uno" (Rom. 3:9-12). La ley habla a todos los que están dentro de su esfera; y en todo el mundo no hay uno que pueda abrir su boca para defenderse de la acusación de pecado que pesa contra él. Toda boca queda enmudecida, y todo el mundo resulta culpable ante Dios (vers. 19), "por cuanto todos pecaron, y están destituidos de la gloria de Dios" (vers. 23).

Por lo tanto, aunque "los hacedores de la ley serán justificados", es de todo punto evidente que "por las obras de la Ley ninguno será justificado delante de él; porque por la Ley se alcanza el conocimiento del pecado" (vers. 20). La ley, siendo "santa y justa y buena", no puede justificar al pecador. Es decir, una ley justa no puede declarar que el que la viola es inocente. Una ley que justificara a un hombre malo, sería una ley mala. No hay nada que criticar en el hecho de que la ley no pueda justificar a los pecadores. Al contrario: eso la exalta. El hecho de que la ley no declarará justos a los pecadores -no dirá que los hombres la han guardado, siendo que la han violado–, es en sí evidencia suficiente de que es una ley buena. Los hombres aplauden a un juez terrenal incorruptible, uno que no puede ser sobornado, y que no declara inocente al hombre culpable. Por lo mismo, debieran glorificar la ley de Dios, que no presta falso testimonio. Es la perfección de la justicia, y por lo tanto está forzada a manifestar el triste hecho de que nadie de la raza de Adán ha cumplido sus requerimientos.

Más aun, el hecho de que cumplir la ley sea precisamente el deber del hombre implica que tras no haberlo alcanzado en un punto particular, no haya ya recuperación posible. Los requerimientos de cada precepto de la ley son tan amplios -toda la ley es tan espiritual-, que un ángel no podría rendir más que simple obediencia. Además, la ley es la justicia de Dios, una trascripción de su carácter, y puesto que su carácter no puede ser diferente de lo que es, resulta que ni Dios mismo puede ser mejor que la medida de bondad que su ley demanda. Él no puede ser mejor de lo que es, y la ley declara lo que él es. ¿Qué esperanza hay entonces para uno que ha fallado, aunque sea en un precepto? ¿Cómo podría añadir suficiente bondad como para recobrar la medida completa? Aquel que intenta hacer eso se entrega a la absurda pretensión de ser mejor de lo que Dios requiere: Sí, ¡aun mejor que Dios mismo!

Pero no es simplemente en un particular donde el ser humano han fallado. Ha errado en todo particular. "Todos se desviaron, se echaron a perder. No hay quien haga lo bueno, no hay ni aun uno". Y no sólo eso, sino que es imposible para el hombre caído, con su poder debilitado, hacer ni un sólo acto que esté a la altura de la norma perfecta. Lo anterior no necesita más prueba que volver a recordar el hecho de que la ley es la medida de la justicia de Dios. De seguro no hay nadie tan presuntuoso como para reclamar que ningún acto de su vida haya sido o pueda ser tan bueno como si hubiera sido hecho por el Señor mismo. Todos deben decir con el salmista, "Fuera de ti no hay bien para mí" (Sal. 16:2).

Este hecho está implícito en claras declaraciones de la Escritura. Cristo, quien "no necesitaba que nadie le dijera nada acerca de los hombres, porque él sabía lo que hay en el hombre" (Juan 2:25), dijo: "Porque de dentro, del corazón de los hombres, salen los malos pensamientos, adulterios, fornicaciones, homicidios, hurtos, avaricias, maldades, engaños, vicios, envidias, chismes, soberbia, insensatez; todas estas maldades de adentro salen, y contaminan al hombre" (Mar. 7:21-23). En otras palabras, es más fácil hacer el mal que hacer el bien, y las cosas que una persona hace de forma natural, son maldad. La maldad yace en lo íntimo, es parte del ser. Por lo tanto, dice el apóstol: "La mente carnal [o natural] es contraria a Dios, y no se sujeta a la ley de Dios, ni tampoco puede. Así, los que viven según la carne no pueden agradar a Dios" (Rom. 8:7 y 8). Y en otro lugar: "Porque la carne desea contra el Espíritu, y el Espíritu contra la carne. Los dos se oponen entre sí, para que no hagáis lo que quisierais" (Gál. 5:17). Puesto que la maldad es parte de la misma naturaleza del hombre, siendo heredada por cada individuo según una larga línea de antecesores pecadores, es evidente que cualquier justicia que proceda de él debe consistir solamente en "trapos de inmundicia" (Isa. 64:6) al ser comparada con la ropa inmaculada de la justicia de Dios.

El Salvador ilustró la imposibilidad de que las buenas obras procedan de un corazón pecaminoso en términos tan inequívocos como estos: "No hay buen árbol que dé mal fruto, ni árbol malo que dé buen fruto. Cada árbol se conoce por su fruto. No se cosechan higos de los espinos, ni de las zarzas se vendimian uvas. El buen hombre, del buen tesoro de su corazón saca lo bueno. Y el mal hombre del mal tesoro de su corazón saca lo malo. Porque de la abundancia del corazón habla la boca" (Luc. 6:44 y 45). Es decir, un hombre no puede hacer el bien hasta no haber sido primeramente hecho bueno. Por lo tanto, los actos realizados por una persona pecaminosa no tienen posibilidad alguna de hacerlo justo; al contrario, proviniendo de un corazón impío, son actos impíos, añadiéndose así a la cuenta de su pecaminosidad. Sólo maldad puede venir de un corazón malo, y la maldad multiplicada no puede resultar en un solo acto bueno; por lo tanto, es vana la esperanza de que una persona mala pueda venir a ser hecha justa por sus propios esfuerzos. Primero debe ser hecha justa, antes de que pueda hacer el bien que se le requiere, y que desearía hacer.

El asunto queda pues así: (1) La ley de Dios es perfecta justicia, y se demanda perfecta conformidad con ella a todo aquel que quiera entrar al reino de los cielos. (2) Pero la ley no tiene una partícula de justicia que poder dar a hombre alguno, porque todos son pecadores e incapacitados para cumplir con sus requerimientos. Poco importa cuán diligentemente o con cuánto tesón obre el ser humano, nada de lo que puede hacer es suficiente para colmar la plena medida de las demandas de la ley. Es demasiado elevada como para que él la alcance; no puede obtener justicia por la ley. "Por las obras de la Ley ninguno será justificado -hecho justo- ante él". ¡Qué condición tan deplorable! Debemos obtener la justicia que es por la ley, o no podemos entrar al cielo. Y sin embargo, la ley no tiene justicia para ninguno de nosotros. No premiará nuestros esfuerzos más persistentes y enérgicos con la más pequeña porción de esa santidad que es imprescindible para ver al Señor.

¿Quién, entonces, puede ser salvo? ¿Puede existir una cosa tal como personas justas? —Sí, porque la Biblia habla con frecuencia de ellas. Habla de Lot como "aquel hombre justo". Leemos: "Decid al justo que le irá bien, porque comerá del fruto de sus acciones" (Isa. 3:10), indicando de esta manera que habrá personas justas que recibirán la recompensa; y se declara llanamente que habrá por fin una nación justa: "En aquel día cantarán este canto en tierra de Judá: Fuerte ciudad tenemos. Salud puso Dios por muros y antemuro. Abrid las puertas, y entrará la gente justa, guardadora de verdades". (Isa. 26:1 y 2). David dijo: "Tu ley es la verdad" (Sal. 119:142). No es solamente verdad, sino que es la suma de toda la verdad. En consecuencia, la nación que guarda toda la verdad será una nación que guarda la ley de Dios. Estará formada por hacedores de su voluntad, y entrarán en el reino de los cielos (Mat. 7:21).

Capítulo 10

El Señor, nuestra Justicia

La pregunta es, pues: ¿Cómo puede obtenerse la justicia requerida para que uno pueda entrar en esa ciudad? Responder a esta pregunta es la gran obra del evangelio. Detengámonos primeramente en una lección objetiva –o ilustración– sobre la justificación o impartimiento de la justicia (rectitud). El ejemplo nos puede ayudar a comprender mejor el concepto. Lo refiere Lucas 18:9-14 en estos términos:

"Para algunos que se tenían por justos, y menospreciaban a los demás, les contó esta parábola: Dos hombres subieron al templo a orar; uno fariseo, el otro publicano. El fariseo oraba de pie consigo mismo, de esta manera: Dios, te doy gracias, que no soy como los demás hombres, ladrones, injustos, adúlteros, ni aun como este publicano. Ayuno dos veces por semana, y doy el diezmo de todo lo que gano. Pero el publicano quedando lejos, ni quería alzar los ojos al cielo, sino que golpeaba su pecho, diciendo: Dios, ten compasión de mí, que soy pecador. Os digo que éste descendió a su casa justificado, pero el otro no. Porque el que se enaltece será humillado; y el que se humilla, será enaltecido".

Eso quedó escrito para mostrarnos cómo no debemos alcanzar la justicia, y cómo sí la debemos alcanzar. Los fariseos no se han extinguido; hay muchos en estos días que esperan obtener la justicia por sus propias buenas obras. Confían en sí mismos de que son justos. No siempre se jactan abiertamente de su bondad, pero muestran de otras maneras que están confiando en su propia justicia. Quizá el espíritu del fariseo –el espíritu que enumera a Dios sus propias buenas obras como razón del favor esperado– está tan extendido como cualquier otra cosa entre profesos cristianos que se sienten postrados en razón de sus pecados. Saben que han pecado y se sienten condenados. Se lamentan por su situación pecaminosa y deploran su debilidad. Sus testimonios nunca se elevan por encima de este nivel. A menudo se refrenan de hablar, por pura vergüenza, en las reuniones en grupos, y tampoco se atreven a acercarse a Dios en oración. Después de haber pecado en un grado más intenso de lo usual, se abstienen de orar por algún tiempo, hasta que haya pasado el sentido más acuciante de su fracaso, o hasta que se imaginan haberlo compensado mediante un comportamiento especialmente bueno. ¿Qué manifiesta lo anterior? –Ese espíritu farisaico dispuesto a hacer ostentación de su justicia ante Dios; esa mente que no acude a él a menos que pueda apoyarse en el falso puntal de su imaginada bondad personal. Quieren poder decirle al Señor: "¿Ves lo bueno que he sido en los últimos días? Espero que me aceptes ahora".

Pero ¿cuál es el resultado? –El hombre que confió en su propia justicia no tenía ninguna, mientras que el hombre que oró en contrición de corazón: "Dios, ten compasión de mí, que soy pecador", se fue a su casa como un hombre justo. Cristo dice que se fue justificado, es decir, hecho justo.

Es preciso observar que el publicano hizo algo más que lamentar su pecaminosidad: pidió misericordia. ¿Qué es la misericordia? –Es el favor inmerecido. Es la disposición a tratar a un hombre mejor de lo que se merece. La Palabra inspirada dice de Dios: "Como es más alto el cielo que la tierra, así engrandeció su inmensa misericordia por los que lo reverencian" (Sal. 103:11). Es decir, la medida con que Dios nos trata mejor de lo que merecemos cuando acudimos a él con humildad, es equivalente a la distancia entre la tierra y el más alto cielo. ¿Y cómo nos trata mejor de lo que merecemos? –Alejando nuestros pecados de nosotros; ya que el siguiente versículo dice: "Cuanto está lejos el oriente del occidente, alejó de nosotros nuestros pecados". Con esto concuerdan las palabras del discípulo amado: "Si confesamos nuestros pecados, Dios es fiel y justo para perdonar nuestros pecados, y limpiarnos de todo mal" (1 Juan 1:9).

Para más declaraciones sobre la misericordia de Dios y la forma en que se manifiesta, ver Miqueas 7:18 y 19: "¿Qué Dios como tú, que perdona la maldad, y olvida el pecado del remanente de su heredad? No retiene para siempre su enojo, porque se deleita en su invariable misericordia. Dios volverá a compadecerse de nosotros, sepultará nuestras iniquidades, y echará nuestros pecados en la profundidad de la mar". Vamos a leer ahora la clara declaración bíblica de cómo se concede la justicia.

El apóstol Pablo, tras haber probado que todos pecaron y que están destituidos de la gloria de Dios, de forma que por las obras de la ley ninguno será justificado ante él, prosigue afirmando que somos "justificados –hechos rectos– gratuitamente por su gracia, mediante la redención que es en Cristo Jesús; a quien Dios puso como propiciación por medio de la fe en su sangre, para mostrar su justicia, a causa de haber pasado por alto, en su paciencia, los pecados cometidos anteriormente, con la mira de mostrar en este tiempo su justicia, a fin de que él sea el justo, y el que justifica al que es de la fe de Jesús" (Rom. 3:24-26).

"Siendo justificados gratuitamente". ¿De qué otra manera podía ser? Puesto que los mejores esfuerzos de un hombre pecaminoso no tienen el menor efecto en cuanto a producir justicia, es evidente que la única manera en la que es posible obtenerla es como un don. En Romanos 5:17 Pablo la presenta claramente como un don: "Porque, si por el delito de uno reinó la muerte, mucho más reinarán en vida por uno solo, por Jesucristo, los que reciben la abundancia de la gracia y del don gratuito de la justicia". Es debido a que la justicia es un don, por lo que la vida eterna –que es la recompensa de la justicia– es el don de Dios mediante Cristo Jesús Señor nuestro.

Cristo ha sido establecido por Dios como el Único a través de quien puede obtenerse el perdón de los pecados; y este perdón consiste simplemente en la declaración de su justicia (que es la justicia de Dios) para remisión de los pecados. Dios, "que es rico en misericordia" (Efe. 2:4), y que se deleita en ella, pone su propia justicia sobre el pecador que cree en Jesús, como sustituto por sus pecados. Se trata de un intercambio extremadamente beneficioso para el pecador. Y no es pérdida para Dios, ya que es infinito en santidad, y es imposible que la fuente resulte esquilmada.

La Escritura que acabamos de considerar (Rom. 3:24-26) no es sino otra forma de exponer la idea contenida en los versículos 21 y 22, en el sentido de que por las obras de la ley nadie será justificado. El apóstol añade: "Pero ahora, aparte de toda la ley, la justicia de Dios se ha manifestado respaldada por la Ley y los Profetas; la justicia de Dios por medio de la fe en Jesucristo, para todos los que creen en él". Dios pone su justicia sobre el creyente, lo cubre con ella para que su pecado no aparezca más. Entonces el que ha sido perdonado puede exclamar con el profeta:

"En gran manera me gozaré en el Eterno, me alegraré en mi Dios; porque me vistió de vestidos de salvación, me rodeó de un manto de justicia, como a novio me atavió, como a novia ataviada de sus joyas" (Isa. 61:10).

Pero ¿qué hay sobre "la justicia de Dios sin la ley"? ¿Cómo concuerda esa declaración con aquella otra de que la ley es la justicia de Dios, y que fuera de sus requerimientos no hay justicia? No hay aquí contradicción. La ley no es algo ajeno a este proceso. Observemos cuidadosamente: ¿Quién dio la ley? –Cristo. ¿Cómo la pronunció? –"Como uno teniendo autoridad." ¡Como Dios! La ley salió de él tanto como del Padre, y es simplemente una declaración de la justicia de su carácter. Por lo tanto, la justicia que viene por la fe de Cristo Jesús es la misma justicia que está personificada en la ley; y esto lo demuestra el hecho de que es "respaldada por la Ley" (Rom. 3:21).

Tratemos de imaginar la escena: De un lado está la ley como presto testigo contra el pecador. No puede cambiar, y nunca declarará justo al que es pecador. El pecador convicto trata vez tras vez de obtener justicia de la ley, pero ésta resiste todos sus avances. Es imposible sobornarla con ninguna cantidad de penitencias o profesas buenas obras. Pero entra en escena Cristo, tan "lleno de gracia" como de verdad, y llama al pecador a sí. El pecador, cansado finalmente de su vana lucha por conseguir la justicia mediante la ley, oye la voz de Cristo, y corre a sus brazos tendidos. Refugiándose en él, queda cubierto con la justicia de Cristo; y resulta que ha obtenido, mediante la fe en Cristo, aquello que tanto procuró en vano. Tiene la justicia que la ley requiere, y se trata del artículo genuino, porque lo obtuvo de la Fuente de la Justicia: del mismo lugar de donde vino la ley. Y la ley testifica sobre la autenticidad de esta justicia. Dice que mientras el hombre la retenga, irá al tribunal y lo defenderá de todos sus acusadores. Da fe de que es un hombre justo. La justicia que es "por la fe de Cristo, la justicia que viene de Dios por la fe" (Fil. 3:9), dio a Pablo la seguridad de que estaría a salvo en el día de Cristo.

No hay en la transacción nada que objetar. Dios es justo, y al mismo tiempo el que justifica al que cree en Jesús. En Jesús mora toda la plenitud de la divinidad; es igual al Padre en todo atributo. Por consiguiente, la redención que hay en él –la capacidad para recuperar al hombre perdido– es infinita. La rebelión del hombre es contra el Hijo tanto como contra el Padre, puesto que los dos son uno. Por lo tanto, cuando Cristo "se dio por nuestros pecados", era el Rey sufriendo por los súbditos rebeldes –el ofendido perdonando, pasando por alto la ofensa del infractor. Nadie podrá negar a un hombre el derecho y el privilegio de perdonar cualquier ofensa cometida contra él; entonces, ¿por qué cavilar cuando Dios ejerce el mismo derecho? Ciertamente, tiene todo el derecho de perdonar la injuria cometida contra él; y con mayor razón aún, puesto que vindica con ello la integridad de su ley al someterse en su propia Persona a la penalidad que el pecador merecía.

Es cierto que el inocente sufrió en lugar del pecador, pero el divino Sufriente "se dio a sí mismo" voluntariamente a fin de poder hacer, con justicia hacia su gobierno, lo que su amor le motivaba a hacer: pasar por alto la injuria que se le infligió como Gobernante del universo.

Leamos ahora la declaración que Dios mismo hace sobre su propio Nombre –una declaración dada en una de las peores circunstancias de desprecio que sea posible manifestar contra él:

"Entonces el Eterno descendió en la nube y estuvo allí con él, y proclamó su Nombre. El Señor pasó ante Moisés y proclamó: ¡Oh Eterno, oh Eterno! ¡Dios compasivo y bondadoso, lento para la ira, y grande en amor y fidelidad! Que mantiene su invariable amor a millares, que perdona la iniquidad, la rebelión y el pecado, y no deja sin castigo al malvado" (Éx. 34:5-7).

Este es el Nombre de Dios; es el carácter en el cual se revela a sí mismo al hombre; la luz en la cual desea que el hombre lo considere. Pero, ¿qué hay acerca de la declaración de que "no deja sin castigo al malvado"? Esto encaja a la perfección con su longanimidad, su bondad superabundante y su perdón de la transgresión de su pueblo. Es cierto que Dios no deja sin castigo al malvado; no podría hacer eso y continuar siendo un Dios justo. Pero hace algo muchísimo mejor: elimina la culpabilidad, de forma que el que fuera antes culpable no necesita ya ser absuelto: es justificado, y considerado como si nunca hubiese pecado.

Nadie desconfíe de la expresión: "poniéndole la justicia", como si eso implicara hipocresía. Algunos, mostrando una singular falta de apreciación hacia el don de la justicia, han afirmado no querer una justicia que "se pusiera", sino más bien la justicia que surge de la vida, despreciando con ello la justicia de Dios, que es por la fe de Cristo Jesús para todos y sobre todos los que creen. Estamos de acuerdo con protestar contra la hipocresía –una forma de piedad sin el poder–, pero nos gustaría que el lector tuviese esto presente: Hay una diferencia infinita dependiendo de quién pone la justicia. Si tratamos de ponérnosla nosotros mismos, entonces realmente no obtenemos más que trapos de inmundicia –poco importa el buen aspecto que pueda ofrecer a nuestra vista–, pero cuando es Cristo quien nos viste con ella, no debe ser despreciada o rechazada. Observemos la expresión de Isaías: "Me rodeó de un manto de justicia". La justicia con la que Cristo nos cubre es justicia que cuenta con la aprobación de Dios; y si satisface a Dios, los hombres no debieran ciertamente tratar de concebir algo mejor.

Pero avancemos un paso más, y desaparecerá toda dificultad. Leemos Zacarías 3:1-5:

"El Señor me mostró al sumo sacerdote Josué que estaba de pie ante el Ángel del Eterno. Y Satanás estaba a su derecha para acusarlo. Dijo el Eterno a Satanás: El Señor te reprenda, oh Satanás, el Señor que ha elegido a Jerusalén te reprenda. ¿No es éste un tizón arrebatado del incendio? Josué estaba ante el Ángel, vestido de ropa sucia. El Ángel mandó a los que estaban ante él: Quitadle esa ropa sucia. Entonces dijo a Josué: 'Mira que he quitado tu pecado de ti, y te vestí de ropa de gala'. Después dijo: 'Pongan mitra limpia sobre su cabeza'. Y pusieron una mitra limpia sobre su cabeza, y lo vistieron de ropa limpia, mientras el Ángel del Eterno estaba presente".

Obsérvese que el serle quitadas las vestiduras viles significa hacer pasar la iniquidad de la persona. Y vemos así que cuando Cristo nos cubre con el manto de su propia justicia, no provee un cubridero para el pecado, sino que quita el pecado. Y eso muestra que el perdón de los pecados es más que una simple forma, más que una simple consigna en los libros de registro del cielo, al efecto de que el pecado sea cancelado. El perdón de los pecados es una realidad; es algo tangible, algo que afecta vitalmente al individuo. Realmente lo absuelve de culpabilidad; y si es absuelto de culpa, es justificado, es hecho justo: ciertamente ha experimentado un cambio radical. Es en verdad otra persona. Así es, puesto que es en Cristo en quien obtuvo esa justicia para remisión de los pecados. La obtuvo solamente estando en Cristo. Pero "si alguno está en Cristo, nueva criatura es" (2 Cor. 5:17). Por lo tanto, el pleno y amplio perdón de los pecados trae consigo ese maravilloso y milagroso cambio conocido como el nuevo nacimiento; porque un hombre no puede llegar a ser una nueva criatura de no ser mediante un nuevo nacimiento. Es lo mismo que tener un corazón nuevo, o un corazón limpio.

El corazón nuevo es un corazón que ama la justicia y odia al pecado. Es un corazón dispuesto a ser conducido por los caminos de la justicia. Un corazón tal es lo que el Señor quiso para Israel: "Ojalá hubiese en ellos un corazón tal, que me reverencien, y guarden todos los días mis Mandamientos! Así les irá bien a ellos y a sus hijos para siempre!" (Deut. 5:29). Resumiendo: se trata de un corazón libre de amor al pecado, tanto como de culpabilidad de pecado. Pero, ¿qué es lo que hace a un hombre desear sinceramente el perdón de sus pecados? –Es simplemente su odio contra ellos y su deseo de justicia, inspirados por el Espíritu Santo.

El Espíritu contiende con todos los hombres. Viene como reprensor. Cuando se presta oído a su voz de reproche, asume de inmediato el papel de consolador. La misma disposición dócil y sumisa que hace que la persona acepte el reproche del Espíritu, lo llevará también a seguir las enseñanzas del Espíritu, y Pablo dice que "todos los que son guiados por el Espíritu de Dios, éstos son hijos de Dios" (Rom. 8:14).

Una vez más, ¿qué es lo que trae la justificación, o perdón de los pecados? Es la fe, porque Pablo dice: "Así, habiendo sido justificados por la fe, estamos en paz con Dios, por medio de nuestro Señor Jesucristo" (Rom. 5:1). La justicia de Dios es dada y puesta sobre todo aquel que cree (Rom. 3:22). Pero ese mismo ejercicio de la fe hace de la persona un hijo de Dios, porque el apóstol Pablo dice más: "Todos sois hijos de Dios por la fe en Cristo Jesús" (Gál. 3:26).

La carta de Pablo a Tito ilustra el hecho de que todo aquel cuyos pecados son perdonados viene a ser de inmediato un hijo de Dios. Primeramente trae a consideración la condición malvada en la que estábamos anteriormente, para decir a continuación (Tito 3:4-7):

"Pero cuando se manifestó la bondad de Dios nuestro Salvador, y su amor hacia los hombres, nos salvó, no por obras de justicia que nosotros hubiéramos hecho, sino por su misericordia, por el lavado regenerador y renovador del Espíritu Santo, que derramó en nosotros en abundancia, por Jesucristo nuestro Salvador, para que, justificados por su gracia, seamos herederos según la esperanza de la vida eterna".

Obsérvese que es siendo justificados por su gracia como somos hechos herederos. Ya hemos visto en Romanos 3:24 y 25 que esta justificación por su gracia es mediante la fe en Cristo; pero Gálatas 3:26 nos dice que la fe en Cristo Jesús nos hace hijos de Dios; por lo tanto podemos saber que todo el que ha sido justificado –perdonado- por la gracia de Dios, es un hijo y un heredero de Dios.

Esto muestra que carece de base la suposición de que una persona tuviese que pasar por un cierto período de prueba y obtener un cierto grado de santidad, antes de que Dios lo acepte como a su hijo. Él nos recibe tal como somos. No es por nuestra benignidad por lo que nos ama, sino por nuestra necesidad. Nos recibe, no por algún bien que vea en nosotros, sino por el propio bien que hay en él, y por lo que él sabe que su poder divino es capaz de hacer de nosotros. Es solamente cuando nos damos cuenta de la maravillosa exaltación y santidad de Dios, y de que viene a nosotros en nuestra condición pecaminosa y degradada para adoptarnos en su familia, cuando podemos apreciar la fuerza de la exclamación del apóstol: "¡Mirad qué gran amor nos ha dado el Padre, que seamos llamados hijos de Dios!" (1 Juan 3:1). Todo el que haya recibido ese honor, se purificará, tal como él es puro. Dios no nos ha adoptado como a sus hijos porque seamos buenos, sino a fin de poder hacernos buenos. Dice Pablo: "Pero Dios, que es rico en misericordia, por su gran amor con que nos amó, aun cuando estábamos muertos en pecados, nos dio vida junto con Cristo. Por gracia habéis sido salvos. Y con él nos resucitó y nos sentó en el cielo con Cristo Jesús, para mostrar en los siglos venideros la abundante riqueza de su gracia, en su bondad hacia nosotros en Cristo Jesús" (Efe. 2:4-7). Y después añade: "Porque por gracia habéis sido salvados por la fe. Y esto no proviene de vosotros, sino que es el don de Dios. No por obras, para que nadie se gloríe. Porque somos hechura suya, creados en Cristo Jesús para buenas obras, que Dios de antemano preparó para que anduviésemos en ellas" (vers. 8-10). Este pasaje muestra que Dios nos amó mientras estábamos todavía muertos en pecados; nos da su Espíritu para vivificarnos en Cristo, y el mismo Espíritu dirige nuestra adopción en la familia divina; nos adopta para que, como nuevas criaturas en Cristo, podamos hacer las buenas obras que Dios preparó.

Capítulo 11

Aceptos en el Amado

Muchas personas no se atreven a decidirse a servir al Señor porque temen que Dios no los aceptará; y miles que durante años han sido profesos seguidores de Cristo están todavía dudando de su aceptación por Dios. Escribo para el beneficio de los tales, y no confundiré sus mentes con especulaciones, sino que procuraré señalarles las sencillas promesas de la palabra de Dios.

"¿Me recibirá el Señor?" Contesto con otra pregunta: ¿Recibirá un hombre aquello que ha comprado? Si vas al almacén y haces una compra, ¿recibirás la mercancía al serte entregada? ¡Claro que lo harás! El hecho de que compraste la mercancía, y de que pagaste tu dinero por ella es suficiente prueba, no solamente de que estás dispuesto, sino también deseoso de recibirla. Si no la quisieras, no la habrías comprado. Más aun, cuanto más hayas pagado por la mercancía, más ansioso estarás por recibirla. Si el precio que pagaste es enorme, y casi has dado tu vida para obtenerla, no hay duda de que aceptarás el artículo al serte entregado. Estarás preocupado, no vaya a producirse algún error en la entrega.

Ahora apliquemos esta ilustración sencilla y cotidiana al caso del pecador que acude a Cristo. En primer lugar, él nos ha comprado. "¿No sabéis que vuestro cuerpo es templo del Espíritu Santo, que está en vosotros, que tenéis de Dios, y que no sois vuestros? Porque habéis sido comprados por precio" (1 Cor. 6:19 y 20).

El precio que pagó por nosotros fue su propia sangre, su vida. Pablo dice a los santos de Éfeso: "Mirad por vosotros, y por todo el rebaño en medio del cual el Espíritu Santo os ha puesto por obispos, para apacentar la iglesia del Señor, que él ganó con su propia sangre" (Hech. 20:28). "Sabed que habéis sido rescatados de la vana conducta de vuestros padres, no con cosas corruptibles, como oro o plata, sino con la sangre preciosa de Cristo, como de un cordero sin mancha ni defecto" (1 Pedro 1:18 y 19). "Él se dio a sí mismo por nosotros" (Tito 2:14). "Se dio a sí mismo por nuestros pecados, para librarnos de este presente siglo malo, conforme a la voluntad de nuestro Dios y Padre" (Gál. 1:4).

No compró a cierta clase, sino a todo un mundo de pecadores. "Porque tanto amó Dios al mundo, que dio a su Hijo único" (Juan 3:16). Jesús dijo: "El pan que daré por la vida del mundo es mi carne" (Juan 6:51). "Cuanto aún éramos débiles, a su tiempo Cristo murió por los impíos". "Dios demuestra su amor hacia nosotros, en que siendo aún pecadores, Cristo murió por nosotros" (Rom. 5:6 y 8).

El precio pagado fue infinito, por lo tanto podemos saber que realmente deseaba aquello que compró. Estaba determinado a obtenerlo. No podía estar satisfecho sin ello (ver Fil. 2:6-8; Heb. 12:2; Isa. 53:11).

"Pero no soy digno". Es decir, sientes que no vales el precio que pagó por ti, y por lo tanto temes venir, no sea que Cristo repudie la compra. Podrías albergar algún temor a ese respecto, si la venta no hubiera sido sellada y el precio no hubiera sido pagado ya. Si Cristo decidiera no aceptarte debido a que no vales el precio, no solamente te perdería a ti, sino también todo lo que pagó. Aunque la mercancía no valiese lo que pagaste por ella, no serías tan inconsecuente como para despreciarla. Preferirías obtener algo a cambio de tu dinero, que no obtener nada.

Pero hay más: no tienes motivo para preocuparte por lo que respecta al valor. Cuando Cristo vino a la tierra interesado en esa compra, "no necesitaba que nadie le dijera nada acerca de los hombres, porque él sabía lo que hay en el hombre" (Juan 2:25). Él hizo la compra con los ojos bien abiertos, y sabía el valor exacto de aquello que compraba. No está en absoluto decepcionado cuando vienes a él, y ve que no posees ningún valor. En nada te ha de preocupar el asunto del valor. Si él, con pleno conocimiento del caso, se sintió satisfecho de hacer esa transacción, debieras ser el último en quejarte.

Efectivamente: la maravillosa verdad es que te compró por la precisa razón de que no eras digno. Su ojo experimentado vio grandes posibilidades en ti y te compró, no por el valor que tuvieras o tengas ahora, sino por lo que él puede hacer de ti. Te dice: "Yo, yo Soy el que borro tus rebeliones, por mi bien" (Isa. 43:25). Nosotros carecemos de justicia; es por eso que nos compró, "para que seamos hechos la justicia de Dios en él". Dice Pablo: "Porque en Cristo habita corporalmente toda la plenitud de la Deidad. Y vosotros estáis completos en él, que es la cabeza de todo principado y potestad" (Col. 2:9 y 10). El proceso es el siguiente:

"Entre ellos todos nosotros también vivimos en otro tiempo al impulso de los deseos de nuestra carne, haciendo la voluntad de la carne y de los pensamientos; y éramos por naturaleza hijos de ira, igual que los demás. Pero Dios, que es rico en misericordia, por su gran amor con que nos amó, aun cuando estábamos muertos en pecados, nos dio vida junto con Cristo. Por gracia habéis sido salvos. Y con él nos resucitó y nos sentó en el cielo con Cristo Jesús, para mostrar en los siglos venideros la abundante riqueza de su gracia, en su bondad hacia nosotros en Cristo Jesús. Porque por gracia habéis sido salvados por la fe. Y esto no proviene de vosotros, sino que es el don de Dios. No por obras, para que nadie se gloríe. Porque somos hechura suya, creados en Cristo Jesús para buenas obras, que Dios de antemano preparó para que anduviésemos en ellas" (Efe. 2:3-10).

Hemos de servir "para la alabanza y gloria de su gracia". Eso nunca podría ser así, si es que hubiéramos sido dignos previamente de todo lo que pagó por nosotros. En ese caso, no habría gloria para él en esa obra. No podría, en las edades venideras, mostrar en nosotros las riquezas de su gracia. Pero cuando él nos toma, indignos como somos, y nos presenta finalmente sin mancha delante del trono, será para su gloria por siempre. Y entonces nadie se atribuirá valor a sí mismo. Los ejércitos santificados se unirán por la eternidad, diciendo a Cristo: "Digno eres... porque fuiste muerto, y con tu sangre compraste para Dios gente de toda raza y lengua, pueblo y nación; y de ellos hiciste un reino y sacerdotes para servir a nuestro Dios". "El Cordero que fue muerto es digno de recibir poder y riquezas, sabiduría y fortaleza, honra, gloria y alabanza" (Apoc. 5:9,10 y 12).

Ciertamente debiera desecharse toda duda con respecto a si Dios nos acepta. Pero no sucede así. El impío corazón incrédulo alberga dudas todavía. 'Creo todo esto, pero...' – Detengámonos aquí: si realmente creyeras, no habría ningún 'pero'. Cuando se añade el 'pero' a la declaración de creer, realmente se quieren decir: 'Creo, pero no creo'. Continúas así: 'Tal vez estés en lo cierto, pero... Creo las declaraciones bíblicas que has citado, pero la Biblia dice que si somos hijos de Dios tendremos el testimonio del Espíritu, y tendremos el testimonio en nosotros; y yo no siento tal testimonio, por lo tanto no puedo creer que sea de Cristo. Creo su palabra, pero no tengo el testimonio'...

Entiendo tu dificultad; veamos si es posible eliminarla.

Con respecto a pertenecer a Cristo, tú mismo puedes decidir eso. Has visto lo que él entregó por ti. Ahora, la pregunta es: ¿Te has entregado tú a él? Si lo has hecho, puedes tener la seguridad de que te ha aceptado. Si no eres de él es únicamente porque has rehusado entregarle aquello que compró ya. Le estás defraudando. Él dice: "Todo el día extendí mis manos a un pueblo desobediente y rebelde" (Rom. 10:21). Te ruega que le entregues lo que compró y pagó, sin embargo tú rehúsas hacerlo, para acusarlo después de no estar dispuesto a recibirlo -a recibirte-. Pero si te has entregado a él de corazón, puedes estar seguro de que te ha recibido.

En cuanto a que crees sus palabras aun dudando de si te acepta o no, debido a que no sientes el testimonio del Espíritu en tu corazón, permíteme que insista en que no crees. Si creyeras, tendrías el testimonio. Escucha su palabra: "El que cree en el Hijo de Dios, tiene el testimonio en sí mismo. El que no cree a Dios lo hace mentiroso, porque no ha creído en el testimonio que Dios ha dado acerca de su Hijo" (1 Juan 5:10). Creer en el Hijo es simplemente creer en su palabra y en lo escrito acerca de él.

"El que cree en el Hijo de Dios, tiene el testimonio en sí mismo". No puedes tener el testimonio hasta que no creas; y tan pronto como creas, tienes el testimonio. ¿Cómo? Porque tu creencia en la palabra de Dios es precisamente el testimonio. Lo dice Dios: "La fe es la sustancia de lo que esperamos, y la evidencia de lo que no vemos" (Heb. 11:1).

Si oyeses a Dios decirte a viva voz que eres su hijo, considerarías eso suficiente testimonio. Bien, pues cuando Dios habla en su palabra, es lo mismo que si hablara con voz audible, y tu fe es la evidencia de que oyes y crees.

Este es un asunto tan importante, que vale la pena prestarle cuidadosa consideración. Leamos un poco más acerca del testimonio.

Primero leemos que somos "todos hijos de Dios por la fe en Cristo Jesús" (Gál. 3:26). Esta es una confirmación positiva de lo dicho a propósito de nuestra incredulidad en el testimonio. Nuestra fe nos hace hijos de Dios. Pero ¿cómo obtenemos esta fe? –"La fe viene por el oír; y el oír, por medio de la Palabra de Dios" (Rom. 10:17). Pero ¿cómo podemos obtener fe en la palabra de Dios? –Cree simplemente que Dios no puede mentir. Muy difícilmente llamarías a Dios mentiroso en su propia presencia; pero eso es lo que haces si no crees en su palabra. Todo lo que tienes que hacer para creer es, creer. "La Palabra está cerca de ti, en tu boca y en tu corazón. Esta es la Palabra de fe, que predicamos: Así, si con tu boca confiesas que Jesús es el Señor, y en tu corazón crees que Dios lo levantó de los muertos, serás salvo. Porque con el corazón se cree para ser justificado, y con la boca se hace confesión para salvación. Pues la Escritura dice: Todo el que crea en él, no será avergonzado" (Rom. 10:8-11).

Esto concuerda con el testimonio de Pablo: "El mismo Espíritu testifica a nuestro espíritu de que somos hijos de Dios. Y si hijos, también herederos; herederos de Dios y coherederos con Cristo" (Rom. 8:16 y 17). Este Espíritu que testifica a nuestro espíritu, es el Consolador que Jesús prometió (Juan 14:16). Y sabemos que su testimonio es verdadero, porque es el "Espíritu de verdad". Ahora, ¿cómo da testimonio? –Trayendo a nuestra memoria la Palabra que fue escrita. Él fue quien inspiró esas palabras (1 Cor. 2:13; 2 Pedro 1:21), y por lo tanto, cuando las trae a nuestra memoria, es lo mismo que si nos estuviera hablando directa y personalmente. Presenta ante nuestra mente la palabra –que hemos citado en parte–. Sabemos que es verdadera, pues Dios no puede mentir; despachamos a Satanás con su falso testimonio en contra de Dios, y creemos a la palabra. Al creerla, sabemos que somos hijos de Dios, y clamamos: "Abba, Padre". Entonces la gloriosa verdad se despliega con mayor claridad ante nuestra alma. La repetición de las palabras las hace una realidad para nosotros. Él es nuestro Padre; nosotros somos sus hijos. ¡Qué gozo da ese pensamiento! Vemos pues que el testimonio que tenemos en nosotros no es un simple sentimiento o emoción. Dios no pide que pongamos nuestra confianza en un indicador tan poco fiable como nuestros sentimientos. Según la Escritura, aquel que confía en su propio corazón es necio. El testimonio en el que debemos confiar es la inmutable Palabra de Dios, y mediante el Espíritu podemos tener en nuestros corazones un testimonio tal. "¡Gracias a Dios por su don inefable!"

Esta seguridad no nos exime de ser diligentes, ni nos lleva a la descuidada indolencia, como si ya hubiéramos alcanzado la perfección. Debemos recordar que Cristo no nos acepta a causa de nosotros, sino a causa de él; no porque seamos perfectos, sino porque en él podemos avanzar hacia la perfección. Nos bendice, no porque hayamos sido tan buenos como para merecer la bendición, sino para que en la fortaleza de la bendición podamos volvernos de nuestras iniquidades (Hech. 3:26). A todo el que cree en Cristo, le es dada potestad –poder o privilegio– de ser hecho hijo de Dios (Juan 1:12). Es por las "preciosas y grandísimas promesas" de Dios mediante Cristo, como llegamos a "participar de la naturaleza divina" (2 Pedro 1:4).

Consideremos brevemente la aplicación práctica de algunos de estos pasajes.

Capítulo 12

La Victoria de la Fe

La Biblia dice que "el justo vivirá por la fe". La justicia de Dios es "revelada de fe en fe" (Rom. 1:17). Nada puede ilustrar mejor el obrar de la fe, que algunos ejemplos provistos para nuestra enseñanza, "para que por la paciencia y el consuelo de las Escrituras, tengamos esperanza" (Rom. 15:4). Consideremos primeramente un evento notable relatado en 2ª de Crónicas capítulo 20:

"Después de esto, los Moabitas y los Amonitas, con algunos Maonitas, vinieron en guerra contra Josafat. Avisaron a Josafat: 'Viene contra ti una gran multitud de la otra parte del mar y de Siria. Ya están en Hasesón Tamar, que es Engadi'" (vers. 1 y 2).

Este gran ejército atemorizó tanto al rey como al pueblo, pero tomaron la sabia decisión de congregarse "para pedir socorro al Eterno. Vinieron de todas las ciudades de Judá" (vers. 3 y 4). Después vemos la oración de Josafat como dirigente de la congregación, y vale la pena estudiarla con detenimiento, puesto que fue una oración de fe, y contenía en ella misma el comienzo de la victoria:

"Entonces Josafat se puso en pie en la reunión de Judá y Jerusalén, en la casa del Eterno, ante el atrio nuevo. Y dijo: 'O Eterno, Dios de nuestros padres, ¿no eres tú el Dios que está en los cielos? Tú riges todos los reinos de las naciones. En tu mano están el poder y la fuerza, y no hay quien te resista'" (vers. 5 y 6).

Excelente comienzo para una oración. Empieza por reconocer al Dios del cielo. Así empieza la oración modelo: "Padre nuestro que estás en los cielos". ¿Qué significa? –Que Dios, como Dios en el cielo, es el Creador. Conlleva el reconocimiento de su poder sobre todas los reinos del mundo, y también sobre los poderes de las tinieblas; el hecho de estar en el cielo, de ser el Creador, muestra que en su brazo hay poder y fortaleza que nadie puede resistir. El hombre que, en la hora de necesidad, empieza su oración con tal reconocimiento del poder de Dios, tiene ya la victoria de su parte. Observa: Josafat no solamente declaró su fe en el maravilloso poder de Dios, sino que reclamó la fortaleza de Dios apropiándose de ella: "¿No eres tú nuestro Dios?" Cumplió la condición de las Escrituras: "Porque el que se acerca a Dios, necesita creer que existe, y que recompensa a quien lo busca" (Heb. 11:6).

Josafat procedió entonces a rememorar cómo el Señor los había establecido en la tierra, y cómo, no habiéndoles permitido invadir Moab y a Amón, esas naciones habían comenzado a echarlos de la tierra que Dios les había dado en herencia (vers. 7-11). Y después concluyó: "¡Oh Dios nuestro! ¿No los juzgarás tú? Porque en nosotros no hay fuerza contra tan grande multitud que viene contra nosotros. No sabemos qué hacer, pero a ti volvemos nuestros ojos" (vers. 12). Para el Señor no representa problema alguno el prestar auxilio, sea al poderoso, o al que no tiene fuerzas (2 Crón. 14:11); y puesto que los ojos del Señor recorren toda la tierra para mostrar su fortaleza en favor de aquellos cuyos corazones están completamente entregados a él (2 Crón. 16:9), los que están en necesidad harán bien en confiar solamente en él. La posición de Josafat y su pueblo armonizaba con el mandato apostólico: "Fijos los ojos en Jesús, autor y consumador de la fe" (Heb. 12:2). Él es el principio y el fin, y en sus manos está todo el poder en el cielo y en la tierra.

Ahora, ¿cuál fue el resultado? -El profeta del Señor vino en el poder del Espíritu Santo y dijo: "Oíd, Judá todo, vosotros habitantes de Jerusalén, y tú, rey Josafat. El Eterno os dice así: No temáis ni os amedrentéis ante esta gran multitud; porque la guerra no es vuestra, sino de Dios" (vers. 15). Y entonces se dio la orden de salir de mañana para enfrentar al enemigo y ver la salvación del Señor, puesto que él estaría con ellos.

Viene ahora la parte más importante:

"Cuando se levantaron por la mañana, salieron por el desierto de Tecoa. Y mientras salían, Josafat se puso en pie, y dijo: Oídme, Judá y habitantes de Jerusalén. Creed al Señor vuestro Dios, y estaréis seguros; creed a sus profetas, y seréis prosperados. Y después de consultar con el pueblo, puso a algunos a cantar y alabar al Eterno, vestidos de sus ornamentos sagrados. Mientras el ejército salía, decían: 'Dad gracias al Eterno, porque su amor es para siempre'" (vers. 20 y 21).

¡Extraña manera de salir al combate! Muy pocos ejércitos han ido alguna vez a la batalla encabezados por una vanguardia como esa. Pero ¿con qué resultado?

"Cuando empezaron a entonar cantos de alabanza, el Eterno puso contra los de Amón, de Moab y del monte Seir, las emboscadas de ellos mismos que habían puesto contra Judá, y se mataron unos a otros. Los de Amón y Moab se levantaron contra los del monte Seir, hasta matarlos y destruirlos. Y cuando acabaron con los del monte Seir, cada cual ayudó a destruir a su compañero. Y cuando los de Judá llegaron al alto que mira al desierto, vieron que la multitud yacía en tierra, todos muertos. Ninguno había escapado" (vers. 22-24).

Si pocos han salido a la batalla con una vanguardia como la del ejército de Josafat, es igualmente cierto que pocos ejércitos se han visto recompensados por una victoria tan grande como aquella. Y no estará de más prestar atención al hecho de la victoria de la fe, tal como ilustra el caso referido. Cuando el enemigo, asegurado en su superioridad numérica, oyó a los Israelitas salir esa mañana cantando y gritando, ¿qué debió deducir? -Que los Israelitas habían recibido refuerzos, y estaban tan fortalecidos que sería inútil enfrentarse a ellos. Fueron así presa del pánico, y cada cual percibió en su vecino a un enemigo.

¿Y acaso no era cierto que Israel había recibido refuerzos? -Desde luego que sí, porque dice el relato que "cuando empezaron a entonar cantos de alabanza, el Eterno puso contra los de Amón, de Moab y del monte Seir, las emboscadas de ellos mismos". El ejército del Señor, en quien Josafat y su pueblo confiaron, peleó por ellos. Tuvieron refuerzos, y sin duda si sus ojos hubieran sido abiertos, habrían visto, como vio el siervo de Elías en una ocasión, que eran más los que estaban con ellos que los que estaban en su contra.

Pero el punto a destacar es que el Señor puso las emboscadas contra el enemigo cuando Israel empezó a cantar y alabar. ¿Qué significa eso? -Significa que su fe era real. Dieron tanto crédito a la promesa de Dios como al cumplimiento efectivo de la misma. Así, creyeron en el Señor, o más literalmente, edificaron en el Señor, y por lo tanto fueron establecidos o fortalecidos. Con ello dieron fe de la verdad de las palabras: "Y ésta es la victoria que vence al mundo, nuestra fe" (1 Juan 5:4).

Apliquemos ahora esta ilustración al caso del conflicto con el pecado. Somos poderosamente tentados a hacer algo que sabemos malo. Hemos vivido a menudo la dolorosa experiencia de sucumbir a la fuerza de la tentación, de forma que sabemos que no tenemos ningún poder para vencerla. Pero ahora nuestros ojos están puestos en el Señor, quien nos invita a venir con plena confianza al trono de la gracia, para obtener misericordia y oportuno socorro para el tiempo de la necesidad. Así que empezamos a pedir a Dios ayuda en oración. Oramos al Dios que la Biblia nos presenta como el Creador del cielo y la tierra. Empezamos, no con una lúgubre declaración de nuestra debilidad, sino con el gozoso reconocimiento del gran poder de Dios. Habiendo reconocido lo anterior, podemos aventurarnos a expresar nuestra dificultad y nuestra debilidad. Si expresamos nuestra debilidad y nuestra situación desalentadora en primer lugar, nos estamos colocando antes que Dios. Satanás magnifica entonces la dificultad, y nos rodea con sus tinieblas para que no podamos ver más allá de nuestra debilidad, y aunque nuestras súplicas y peticiones sean fervientes y agonizantes, serán en vano, porque carecerán del elemento esencial de creer que Dios existe, y que es todo lo que ha revelado que es. Pero cuando empezamos con el reconocimiento del poder de Dios, entonces podemos declarar nuestra debilidad sin correr ningún riesgo, porque estamos simplemente poniendo nuestra debilidad del lado de su poder, y ese contraste infunde valor.

Entonces, al orar, el Espíritu Santo trae a nuestra mente la promesa de Dios. Puede ser que no recordemos ninguna promesa especial que se adecue exactamente al caso; pero podemos recordar que "Palabra fiel y digna de ser recibida por todos, que Cristo Jesús vino al mundo para salvar a los pecadores" (1 Tim. 1:15); y que "se dio a sí mismo por nuestros pecados para librarnos de este presente siglo malo, conforme a la voluntad de nuestro Dios y Padre" (Gál. 1:4); y podemos saber que esto abarca toda promesa, porque "el que no eximió ni aun a su propio Hijo, sino que lo entregó por todos nosotros, ¿cómo no nos dará también con él gratuitamente todas las cosas?" (Rom. 8:32).

Recordamos entonces que Dios puede hablar de las cosas que no son, como si ya fueran. Es decir, si Dios da una promesa, es algo tan seguro como si ya se hubiese cumplido. Y así, sabiendo que nuestra liberación del mal está de acuerdo con la voluntad de Dios (Gál. 1:4), contamos ya la victoria como nuestra, y empezamos a agradecer a Dios por sus "preciosas y grandísimas promesas". Mientras nuestra fe se aferra de estas promesas y las hace reales, no podemos dejar de alabar a Dios por su maravilloso amor; y mientras estamos haciendo esto nuestras mentes son totalmente apartadas del mal, y la victoria es nuestra. El Señor pone emboscadas contra el enemigo. Nuestra actitud de alabanza muestra a Satanás que hemos obtenido refuerzos; y como él ha "probado" ya la ayuda que se nos proporciona, sabe que no puede hacer nada contra ella, y huye de nosotros. Esto ilustra la fuerza del mandato apostólico:

"Por nada estéis afanosos [es decir, no os acongojéis por nada]; sino presentad vuestros pedidos a Dios en oración, ruego y acción de gracias" (Fil. 4:6).

Capítulo 13

Esclavos y Libres

Hay otra línea de textos en la Escritura de extraordinaria utilidad práctica, a propósito del poder que tiene la fe para traer la victoria. Hay que comprender primeramente que el pecador es un esclavo. Cristo dijo: "Todo el que comete pecado, es esclavo del pecado" (Juan 8:34). Pablo dice también, poniéndose en el lugar del hombre irregenerado: "Porque sabemos que la ley es espiritual, pero yo soy carnal, vendido al poder del pecado" (Rom. 7:14). Un hombre vendido es un esclavo; por lo tanto, aquel que se vende al pecado es un esclavo del pecado. Pedro menciona el mismo hecho, en referencia a los maestros falsos y corruptos: "Les prometen libertad, cuando ellos mismos son esclavos de la corrupción. Porque el que es vencido por alguno, es esclavo del que lo venció" (2 Pedro 2:19).

La característica distintiva del esclavo es que no puede hacer como quiere, sino que está obligado a hacer la voluntad de otro, por más odioso que le resulte. Pablo prueba así la verdad de su declaración al efecto de que, como un hombre carnal, fue esclavo del pecado: "Porque no hago lo que quiero, sino lo que aborrezco". "De manera que ya no soy yo quien obra, sino el pecado que habita en mí. Sé que en mí, esto es, en mi carne, no habita el bien. Porque tengo el querer, pero no alcanzo a efectuar lo bueno. Porque no hago el bien que quiero, sino el mal que no quiero" (Rom. 7:15 y 17-19).

El hecho de que el pecado gobierne, demuestra que el hombre es un esclavo; y si bien todo el que comete pecado es esclavo del pecado, la esclavitud se convierte en insufrible una vez que el pecador vislumbra la libertad. La desea, pero no logra romper las cadenas que lo atan al pecado. La imposibilidad del hombre irregenerado para hacer aun el bien que querría hacer, se ha mostrado ya en Romanos 8:7 y 8, y en Gálatas 5:17.

¡Cuántas personas han experimentado la verdad de esos textos en sus propias vidas! Cuántos han tomado resoluciones una y otra vez, y sin embargo sus más sinceras resoluciones han venido a resultar tan volubles como el humo ante el vendaval de la tentación. Se hallaron sin fuerzas, y no supieron qué hacer. Lamentablemente, sus ojos no estaban tan fijos en Dios como en sí mismos y en el enemigo. Su experiencia fue la de una batalla continua contra el pecado, cierto, pero caracterizada también por la continua derrota.

¿Puedes llamar a eso una verdadera experiencia cristiana? Hay algunos que se imaginan que lo es. ¿Por qué entonces el apóstol, en angustia de alma clamó: "Miserable de mí, ¿quién me librará de este cuerpo de muerte?" (Rom. 7:24). ¿Es la verdadera experiencia cristiana un cuerpo de muerte tan terrible que el alma es constreñida a clamar por liberación? –No, ciertamente.

¿Quién es aquel que, en respuesta a tan ferviente demanda, se revela como el libertador? Dice el apóstol: "¡Gracias doy a Dios, por nuestro Señor Jesucristo!" En otro lugar, dice de Cristo:

"Así, por cuanto los hijos participan de carne y sangre, él también participó de lo mismo, para destruir por la muerte al que tenía el imperio de la muerte, a saber, al diablo. Y librar a los que por el temor de la muerte estaban por toda la vida sujetos a servidumbre" (Heb. 2:14 y 15).

Cristo proclamó así su propia misión:

"El Espíritu del Señor, el Eterno, está sobre mí, porque me ungió para predicar buenas nuevas a los pobres. Me envió a vendar a los quebrantados de corazón, a publicar libertad a los cautivos, y a los presos abertura de la cárcel" (Isa. 61:1).

Ya hemos mostrado en qué consiste esa esclavitud y cautividad. Es la esclavitud al pecado, la esclavitud de ser compelido a pecar aun en contra de la voluntad, por el poder de las propensiones y hábitos malos, heredados y adquiridos. ¿Nos libera Cristo de una experiencia cristiana verdadera? -No, ciertamente. Entonces, la esclavitud del pecado de la que se lamenta el apóstol en Romanos siete, no es la experiencia de un hijo de Dios, sino la del esclavo del pecado. Es para liberar a los hombres de este cautiverio por lo que vino Cristo. No vino a liberarnos -en esta vida- de batallas y luchas, sino de la derrota. Vino para fortalecernos en el Señor y en el poder de su fortaleza, para que podamos dar gracias al Padre, quien "nos libró de la potestad de las tinieblas y nos trasladó al reino de su amado Hijo", por la sangre del cual tenemos redención.

¿Cómo se efectúa esta liberación? -Por el Hijo de Dios. Cristo dice: "Si vosotros permanecéis en mi palabra, sois realmente mis discípulos. Y conoceréis la verdad, y la verdad os libertará". "Así, si el Hijo os liberta, seréis realmente libres" (Juan 8:31, 32 y 36). Esta libertad alcanza a todo el que cree; porque a los que creen en su nombre, les dio "potestad de ser hechos hijos de Dios". La liberación de la condenación alcanza a todos los que están en Jesucristo (Rom. 8:1); y estamos en Cristo por la fe (Gál. 3:26 y 27). Es por la fe como mora Cristo en nuestros corazones.

Capítulo 14

Ilustraciones prácticas de liberación de la Esclavitud

Consideremos algunas ilustraciones acerca del poder de la fe para librar de la esclavitud. Leamos en Lucas 13:10 al 17:

"Un sábado Jesús enseñaba en una sinagoga. Y estaba allí una mujer que desde hacía dieciocho años tenía una enfermedad por causa de un espíritu. Andaba encorvada sin poder enderezarse. Cuando Jesús la vio, la llamó, y le dijo: 'Mujer, quedas libre de tu enfermedad'. Puso sus manos sobre ella, y al instante se enderezó, y alabó a Dios. Pero el principal de la sinagoga, se enojó de que Jesús la hubiese sanado en sábado, y dijo a la gente: Seis días hay para trabajar. En ellos venid para ser sanados, y no en sábado. Entonces el Señor replicó: ¡Hipócrita! Cada uno de vosotros, ¿no desata en sábado su buey o su asno, y lo lleva a beber? Y a esta hija de Abraham, que hacía dieciocho años que Satanás la tenía atada, ¿no fue bueno desatarla de esta ligadura en sábado? Y cuando dijo esto, se avergonzaron todos sus adversarios. Pero el pueblo se gozaba de todas las maravillas que Jesús realizaba".

Olvidemos la crítica del dirigente hipócrita, y consideremos el milagro. La mujer era esclava; nosotros, mediante el temor a la muerte, hemos estado por toda la vida sujetos a servidumbre. Satanás había esclavizado a la mujer; también nos tiende trampas a nosotros, y nos ha llevado a la esclavitud. Ella no podía levantarse por sí misma; nuestras iniquidades nos han atrapado, y somos así incapaces de mirar hacia arriba (Sal. 40:12). Con una palabra y un toque sanador, Jesús liberó a la mujer de su enfermedad. Nosotros tenemos ahora en los cielos al mismo Sumo Sacerdote misericordioso, quien se compadece con el sentimiento de nuestras debilidades, y esa misma palabra nos librará del mal.

¿Con qué propósito se obraron los milagros de sanación que Jesús realizó? Juan nos lo dice: no fue simplemente para demostrar que él poseía el poder para sanar la enfermedad, sino para mostrar su poder sobre el pecado (ver Mat. 9:2-8). Dice Juan:

"También hizo Jesús muchas otras señales en presencia de sus discípulos, que no están escritas en este libro. Pero éstas fueron escritas para que creáis que Jesús es el Cristo, el Hijo de Dios; y para que creyendo, tengáis vida en su Nombre" (Juan 20:30 y 31).

Vemos, pues, que fueron escritas como ilustraciones del amor de Cristo, de su disposición a sanar, y de su poder sobre las obras de Satanás, tanto sea en el cuerpo como en el alma. A este propósito, bastará con citar un milagro más: el que refiere el tercer capítulo de Hechos. Pido al lector que lo examine con detenimiento en su Biblia, dado que no voy a exponerlo aquí en sus detalles.

Pedro y Juan vieron en la puerta del templo a un hombre de más de cuarenta años de edad, inválido desde el nacimiento. No sabía lo que era caminar. Estaba mendigando, y Pedro se sintió inspirado por el Espíritu a darle algo mejor que la plata o el oro. Le dijo: "En el Nombre de Jesucristo de Nazaret, levántate, y anda! Y tomándolo de la mano derecha lo levantó. Al instante se afirmaron sus pies y sus tobillos, y de un salto, se puso de pie y anduvo. Y entró con ellos en el templo, caminando, saltando y alabando a Dios" (vers. 6-8).

Este notable milagro, realizado en una persona conocida de todos, causó una conmoción extraordinaria entre la gente; y cuando Pedro vio la sorpresa de ellos, procedió a explicar cómo se había llevado a cabo la maravilla:

"Israelitas, ¿por qué ponéis los ojos en nosotros, como si con nuestro poder o piedad hubiésemos hecho andar a este hombre? El Dios de Abraham, de Isaac y de Jacob, Dios de nuestros padres, ha glorificado a su Siervo Jesús. Pero vosotros lo entregasteis y negasteis... y matasteis al autor de la vida, a quien Dios resucitó de los muertos, de lo cual nosotros somos testigos. La fe en el Nombre de Jesús restableció las fuerzas de este hombre que vosotros veis y conocéis. Esa fe en el Nombre de Jesús le dio esta completa sanidad que todos vosotros veis" (vers. 12-16).

La aplicación: "Había un hombre, tullido de nacimiento", incapaz de valerse por sí mismo. ¡Cuánto deseaba caminar!, pero no podía. Todos nosotros podemos decir igualmente con David: "En maldad nací yo, y en pecado me concibió mi madre" (Sal. 51:5). Como consecuencia, por naturaleza somos tan débiles que no podemos hacer las cosas que quisiéramos. Lo mismo que cada año de la vida de aquel hombre incrementaba su incapacidad para caminar, al aumentar el peso de su cuerpo sin corresponderse con un fortalecimiento de sus piernas, así la práctica repetida del pecado, a medida que cumplimos años, incrementa su poder sobre nosotros. Para ese hombre, el caminar era una completa imposibilidad; sin embargo el nombre de Cristo, por la fe en él, le trajo completa sanación y liberación de su enfermedad. También nosotros, mediante la fe que es en él, podemos ser sanados y capacitados para hacer aquello que hasta ahora resultaba imposible. Las cosas que son imposibles para el hombre, son posibles para Dios. Él es el Creador. "Él da vigor al cansado, y acrecienta la energía al que no tiene fuerzas". Los héroes de antaño ponen de relieve una de las maravillas de la fe: mediante ella "sacaron fuerza de la debilidad".

Estos ejemplos nos muestran cómo libera Dios de la esclavitud a quienes confían en él. Consideremos ahora la forma en la que se mantiene esa libertad.

Hemos visto cómo por naturaleza todos somos esclavos del pecado y de Satanás, y que tan pronto como nos sometemos a Cristo, somos liberados del poder de Satanás. Pablo dijo: "¿No sabéis que al ofreceros a alguien para obedecerle, sois siervos de aquel a quien obedecéis, o del pecado para muerte, o de la obediencia para justicia?" (Rom. 6:16). Así pues, tan pronto como somos libres de la esclavitud del pecado, nos hacemos siervos de Cristo. En efecto, el mismo acto de liberarnos del poder del pecado, en respuesta a nuestra fe, demuestra que Dios nos acepta como siervos suyos. Venimos a hacernos, por así decirlo, esclavos de Cristo; pero el que es esclavo del Señor es un hombre libre, porque somos llamados a la libertad (Gál. 5:13), y allí donde esté el Espíritu del Señor, hay libertad (2 Cor. 3:17).

Y ahora viene nuevamente el conflicto. Satanás no está dispuesto a renunciar a su esclavo. Acude armado con el látigo de la feroz tentación, para someternos de nuevo a su esclavitud. Sabemos por triste experiencia que él es más fuerte que nosotros, y que sin ayuda no lo podemos resistir. Pero temiendo su poder, clamamos por ayuda. Y entonces recordamos que ya no somos los esclavos de Satanás. Nos hemos sometido a Dios, y por lo tanto él nos ha aceptado como sus siervos. Por lo tanto, podemos decir con el Salmista: "Oh Señor, yo soy tu siervo, tu siervo, hijo de tu sierva, rompiste mis prisiones" (Sal. 116:16). Pero el hecho de que Dios nos desató de los lazos con los que Satanás nos había apresado -y así lo hizo si así lo creemos- es la garantía de que Dios nos protegerá, puesto que él cuida de los suyos, y tenemos la seguridad de que el que comenzó la buena obra en nosotros "la irá perfeccionando hasta el día de Jesucristo" (Fil. 1:6). Y en esa confianza somos fortalecidos para resistir.

Si nos hemos sometido al servicio de Dios, somos siervos suyos, lo que equivale a ser instrumentos de justicia en sus manos (ver Rom. 6:13-16). No somos instrumentos inertes, sin vida, sin sentido, como los que usa el agricultor, que carecen de opinión en cuanto a cómo habrán de ser usados, sino instrumentos vivientes, inteligentes, a quienes se les concede elegir su tarea. Sin embargo, el término "instrumento" significa una herramienta, -algo que está enteramente bajo el control del artesano. La diferencia entre uno de nosotros y la herramienta de un mecánico es que nosotros podemos escoger quién nos use, y a qué tipo de servicio estaremos dedicados; pero una vez que hemos decidido, y nos sometemos a las manos del artesano, hemos de ponernos tan completamente en sus manos como lo está la herramienta, que nada objeta en cuanto a cómo se la ha de usar. Cuando nos sometemos a Dios, hemos de ser en sus manos como la arcilla en las manos del alfarero, para que pueda hacer con nosotros como desee. Nuestra voluntad ha de escoger si le permitiremos o no obrar en nosotros lo que es bueno.

Si se comprende plenamente este concepto de ser instrumentos en las manos de Dios, significará una maravillosa ayuda para la victoria de la fe. Observa que lo que hace un instrumento depende completamente de la persona en cuyas manos esté. Consideremos, por ejemplo, un cuño (o troquel). En sí mismo es un útil inofensivo, sin embargo puede usarse con los peores propósitos, y también para lo que es útil. En las manos de alguien sin escrúpulos, puede servir para acuñar moneda falsa. Ciertamente un propósito deplorable. Pero si cae en las manos de un hombre recto y virtuoso, no puede de ninguna manera hacer daño. De igual forma, cuando éramos esclavos de Satanás, no hicimos el bien (Rom. 6:20); pero ahora que nos hemos sometido a las manos de Dios, sabemos que no hay injusticia en él, y así un instrumento en sus manos jamás servirá para un propósito impío. La sumisión a Dios ha de ser tan completa como lo fue anteriormente a Satanás, ya que dice el apóstol:

"Hablo en términos humanos, por vuestra natural limitación. Así como solíais ofrecer vuestros miembros a las impurezas y a la iniquidad, así ahora presentad vuestros miembros para servir a la justicia, que conduce a la santidad" (Rom. 6:19).

El secreto para triunfar consiste, primeramente, en someterse completamente a Dios. En un sincero deseo de hacer su voluntad. A continuación, reconocer que en nuestra sumisión nos acepta como siervos suyos; y después, retener esa sumisión a él, y quedar en sus manos. A menudo obtendremos la victoria simplemente insistiendo sin cesar en esta oración: "Oh Señor, yo soy tu siervo, tu siervo, hijo de tu sierva, rompiste mis prisiones". Es sencillamente una manera enfática de decir: 'Señor, me he entregado en tus manos como un instrumento de justicia; hágase tu voluntad, y no los dictados de la carne'. Pero cuando nos demos cuenta de la fuerza de esos textos y sintamos verdaderamente que somos siervos de Dios, inmediatamente vendrá el pensamiento: 'Si soy verdaderamente un instrumento en las manos de Dios, él no puede usarme para hacer el mal, ni me puede permitir que obre el mal mientras me mantenga en sus manos. Si he de ser guardado del mal, es él quien tendrá que guardarme, porque yo no puedo hacerlo por mí mismo. Pero él quiere hacerlo, porque ha mostrado su deseo y también su poder para llevar a cabo su propósito, dándose por mí. Por lo tanto, ciertamente me guardará de todo mal'. Todos estos pensamientos pueden cruzar la mente en un instante; y con ellos vendrá necesariamente el sentimiento de gozo por ser librados del temido mal. Ese gozo se expresa de forma natural en la acción de gracias a Dios, y al darle las gracias a Dios, el enemigo se retira con su tentación, y la paz de Dios llena el corazón. Entonces comprendemos que el gozo de creer sobrepasa con creces todo el placer que pueda ofrecer la indulgencia con el pecado.

Lo anterior es una demostración de las palabras de Pablo: "Luego, ¿invalidamos la Ley por la fe? ¡De ninguna manera! Al contrario, confirmamos la Ley" (Rom. 3:31). Invalidar la ley no es abolirla, porque ningún hombre puede abolir la ley de Dios; sin embargo el Salmista dice que ha sido invalidada (Sal. 119:126). Invalidar la ley de Dios es más que afirmar que no tiene importancia; es mostrar por la vida que se la considera sin importancia. Un hombre invalida la ley de Dios cuando permite que no tenga poder en su vida. En suma, invalidar la ley de Dios es quebrantarla; pero la ley misma permanece incólume, ya sea que se la guarde o que no. La invalidación afecta sólo al individuo, no a la ley.

Por lo tanto, cuando el apóstol dice que no invalidamos la ley de Dios por la fe sino que, al contrario, la establecemos, quiere decir que la fe no lleva a la violación de la ley, sino a la obediencia. Realmente, no debiéramos decir que la fe lleva a la obediencia, sino que ¡la fe misma obedece! La fe establece la ley en el corazón. "La fe es la sustancia de lo que esperamos". Si lo que se espera es la justicia, la fe la establece. En lugar de que la ley nos conduzca a la anomia, es precisamente lo contrario ella. Poco importa cuánto se jacte una persona en la ley de Dios; si rechaza o ignora la fe incondicional en Cristo, no está en mejor situación que el hombre que ataca abiertamente la ley. El hombre de fe es el único que honra en verdad la ley de Dios. Sin fe es imposible agradar a Dios (Heb. 11:6); con ella, todas las cosas son posibles (Mar. 9:23).

Sí, la fe hace lo imposible, y es precisamente eso lo que Dios requiere de nosotros. Cuando Josué le dijo a Israel: "No podréis servir al Señor", dijo la verdad. Sin embargo, es un hecho que Dios demandaba que lo sirvieran. No está en el poder de ningún hombre el obrar justicia, por más que lo desee así (Gál. 5:17); por lo tanto es un error decir que todo lo que Dios requiere es que hagamos lo mejor que podemos. El que no haga nada mejor que eso, nunca hará las obras de Dios. No: tenemos que hacer mejor de lo que podemos hacer. Debemos hacer aquello que solamente el poder de Dios obrando en nosotros puede hacer. Al ser humano le resulta imposible caminar sobre el agua, sin embargo Pedro lo hizo cuando ejerció fe en Jesús.

Puesto que todo el poder en el cielo y en la tierra está en las manos de Cristo, y ese poder está a nuestra disposición mediante Cristo mismo viniendo a morar en el corazón por la fe, nada podemos reprochar a Dios por requerir de nosotros que hagamos lo imposible; porque "lo que es imposible para los hombres es posible para Dios" (Luc. 18:27). Así que podemos decir confiadamente: "El Señor es mi ayudador. No temeré lo que me pueda hacer el hombre" (Heb. 13:6). Entonces, "¿Quién nos separará del amor de Cristo? ¿Tribulación o angustia? ¿Persecución o hambre? ¿Desnudez, peligro o espada?" "Dios, que nos ama, nos ayuda a salir más que vencedores en todo" (Rom. 8:35 y 37). "Por eso estoy seguro de que ni la muerte, ni la vida, ni ángeles, ni demonios, ni lo presente, ni lo por venir, ni lo alto, ni lo profundo, ni ninguna otra cosa creada nos podrá separar del amor de Dios, que es en Cristo Jesús Señor nuestro".

Otros libros del Autor y del Mensaje de 1888 que pronto estarán disponibles:

(In Spanish Edition)

1. Descubriendo la Cruz, Autor: Robert J. Wieland.
2. Introducción al Mensaje de 1888, Autor: Robert J. Wieland.
3. 1888 Re-examinado, Autores: Robert J. Wieland y Donald K. Short.
4. He aquí, Yo estoy a la Puerta y llamo, Autor: Robert J. Wieland.
5. Diez Grandes Verdades del Evangelio, Autor: Robert J. Wieland.
6. Nuestro Glorioso Futuro, Autor: Robert J. Wieland.
7. Reavivamientos Modernos, Autor: Robert J. Wieland.
8. La Palabra se Hizo Carne, Autor: Ralph Larson.
9. Proclamen su Poder, Autor: Ralph Larson.
10. El Evangelio en Gálatas, Autor: E. J. Waggoner.
11. Carta a los Romanos, Autor: E. J. Waggoner.
12. El Pacto Eterno, Autor: E. J. Waggoner.
13. Cristo y su Justicia, Autor: E. J. Waggoner.
14. 1888 Materiales; Volúmenes 1-4 en español, Autor: Elena G. de White.
15. El Camino Consagrado a la Perfección Cristiana, Autor: A. T. Jones.
16. El Mensaje del Tercer Ángel; 3 Volúmenes, Autor: A. T. Jones.
17. Lecciones sobre la Fe, Autores: A. T. Jones y E. J. Waggoner.
18. El Evangelio en Daniel y Apocalipsis, Autor: Robert J. Wieland.

*TODOS LOS LIBROS ESTARÁN DISPONIBLES EN ESTE TAMAÑO.

Si desea adquirirlos al por mayor, son por cajas de 50 libros y nos puede contactar a este correo para más información y saber nuestras próximas publicaciones:

kalhelministries21@gmail.com

Other books from the same author and the 1888 message that will been available on Amazon in this same BIG Edition:

1. In Search of the Cross, Author: Robert J. Wieland.
2. Introduction to the 1888 message, Author: Robert J. Wieland.
3. 1888 Re-examined, Authors: Robert J. Wieland y Donald K. Short.
4. The Knocking at the Door, Author: Robert J. Wieland.
5. 10 Truths about the gospel, Author: Robert J. Wieland.
6. Our Glorious Future, Author: Robert J. Wieland.
7. Modern Revivals, Author: Robert J. Wieland.
8. The Word was made Flesh, Author: Ralph Larson.
9. Proclaim his Power, Author: Ralph Larson.
10. The Gospel in the Book of Galatians, Author: E. J. Waggoner.
11. Letters to Romans, Author: E. J. Waggoner.
12. Everlasting Covenant, Author: E. J. Waggoner.
13. Christ and his Righteousness, Author: E. J. Waggoner.
14. 1888 Materials; Volumes 1-4 in english, Author: Ellen G. White.
15. The Consecrated Way to Christian Perfection, Author: A. T. Jones.
16. The Third Angel's Message; 3 Volúmenes, Author: A. T. Jones.
17. Lessons on Faith, Authors: A. T. Jones y E. J. Waggoner.
18. The Gospel on Daniel and Revelation, Author: Robert J. Wieland.

*If you want to purchase at wholesale, the minimum are 50 books and you can contact us by email:

kalhelministries21@gmail.com